Jürgen Fliege
Fritz Roth
Lebendige Trauer

Jürgen Fliege
Fritz Roth

LEBENDIGE TRAUER

Dem Tod bewusst begegnen

Ehrenwirth

Ehrenwirth
ist ein Imprint der Verlagsgruppe Lübbe

Originalausgabe

Copyright © 2002
by Verlagsgruppe Lübbe GmbH & Co. KG,
Bergisch Gladbach
Schutzumschlaggestaltung: Guido Klütsch, Köln
Fotos:
© Hengstenberg (Jürgen Fliege) und
© René Durand (Fritz Roth) sowie © Stone
Satz: ew print & medien service gmbh,
Würzburg
Druck und Einband: WS Bookwell, Porvoo
Printed in Finland
ISBN 3-431-03554-X

1   3   5   4   2

Sie finden uns im Internet unter:
http://www.luebbe.de

Inhalt

JÜRGEN FLIEGE / FRITZ ROTH

Warum wir dieses Buch geschrieben haben

Wenn sich ein Pfarrer und ein Bestatter kennen lernen, dann geschieht das meistens auf dem Friedhof. In unserem Fall war das nicht so. Wir sind uns zum ersten Mal in einem Fernsehstudio begegnet: Fritz Roth war Gast bei Talkmaster Fliege im Studio München. Später wurden die Rollen getauscht: Jürgen Fliege war als Kirchenmann (nicht als Talkmaster) Gast im »Haus der menschlichen Begleitung« bei Bestatter Roth in Bergisch Gladbach.

Wir stammen beide aus dem Bergischen Land, dem wir uns auch heute noch sehr verbunden fühlen. Das ist unsere erste Gemeinsamkeit. Wir setzen uns beide in unserer Arbeit für eine neue Trauerkultur ein. Das ist unsere zweite Gemeinsamkeit. Als wir uns darüber austauschten, stellten wir fest, wie ähnlich wir in unseren Auffassungen sind und wie gut sich unsere in ganz verschiedenen Lebensbereichen gesammelten Anregungen ergänzen. So entstand die Idee, gemeinsam einen Ratgeber zu schreiben, um unsere Gedanken und Erfahrungen weiterzugeben. Es sind vor allem die Erfahrungen, die wir mit Trauernden gemacht haben, die uns auf unserem Weg weiterhelfen. Es sind die ehrlichen Aussagen von Hinterbliebenen, denen wir die meisten unserer Einsichten verdanken.

Wir wissen, dass wir zum Glück nicht die Einzigen sind, die sich in ihrem Berufsleben um Trauernde kümmern. Und mit jedem Tag wächst die Zahl der Menschen, die sich nicht mehr in ihrem Leid verkriechen, sondern offen mit ihrem Verlust umgehen und Hilfe suchen, wenn sie es für nötig erachten.

Die Trauerbewegung hat sich in Deutschland und in anderen Ländern in wenigen Jahren immer stärker verbreitet. Aber noch ist viel zu tun. Und damit sich schneller herumspricht, was noch zu tun ist, haben wir dieses Buch geschrieben. Es mag wie eine Utopie klingen, aber wir wünschen uns, dass für die Generation unserer Kinder die Themen Sterben, Tod und Trauer in zwanzig Jahren so selbstverständlich sein werden wie heute Gespräche über Fußball, Autos und Rente.

Wir bitten die Leserinnen und Leser, uns zu verzeihen, dass wir in vielen Fällen auf eine explizit weibliche Formulierung verzichtet haben.

An dieser Stelle möchten wir uns auch bei Sabine Bode und Thomas Flörchinger bedanken, die uns bei der Erstellung dieses Buches geholfen haben.

JÜRGEN FLIEGE

Unsere Toten gehören in die Kirche

Was brauchen wir eigentlich, damit unser Leben gelingt? Dazu würde jedem von uns eine Menge einfallen. Wir könnten Tugenden, Fähigkeiten, günstige Umstände und bestimmte Menschen, die für uns wichtig sind, aufzählen. Und Geld und immer wieder Geld. Aber darauf will ich gar nicht hinaus, sondern ich glaube zu wissen, dass zum Gelingen eines Menschenlebens eine lebendige Religion oder eine lebendige Spiritualität nötig ist. Ich meine eine Religion, die Leben als Wachsen, Reifen am Leben versteht. Das ist der erste Grundgedanke der menschlichen Existenz. An ihm muss festgehalten werden, damit das Leben nicht zerbricht. Leben als Wachsen, Leben als Häutung, Leben als abenteuerliche Wanderung vom milchgierenden Säugling zum Erwachsenen und dann zum Greis mit ausgestreckten Händen, die Ergebenheit ausdrücken.

Aber wie macht man das? Und: Kann man das überhaupt »machen«? Liegt das Gelingen unseres Lebens in unseren Händen?

Es liegt nicht in unseren Händen. Wenn überhaupt, dann liegt es in betenden Händen, in Händen, die bereit sind anzunehmen. Betende Hände sind ja nicht leer. Sie sind der äußere Ausdruck dafür, dass man offen ist für Hilfe von außen.

Ich glaube, dass Frömmigkeit und Spiritualität nötig sind für die Bewältigung der Hälfte unserer Lebensprobleme, mit denen – wenn wir ehrlich genug sind, es zuzugeben – keiner von uns alleine fertig wird: nicht der Klügste, nicht der Mutigste und auch nicht der mit den besten Beziehungen. Und die Schwierigkeit nimmt zu, je älter wir werden.

Ja, die kurze Spanne des Lebens, in der man überhaupt das Gefühl hat, am Leben drehen zu können, bewegt sich doch nur zwischen fünfzehn und fünfzig. Davor ist man zu klein, danach zu alt oder zu weise. Die Menschen sind Nesthocker. Sie rechnen – wie die Jungvögel – tief drinnen damit, dass Hilfe von außen kommt. Nur dass die Menschen noch ganz andere Nahrung brauchen – Seelennahrung, Antwort auf die Fragen: Wie werde ich damit fertig, dass ich einsam bin? Wie werde ich damit fertig, dass ich krank bin? Wie werde ich damit fertig, dass ich einen Menschen verloren habe? Wie werde ich damit fertig, dass ich hilflos bin?

Mit diesen Problemen ist der moderne religionslose Mensch überfordert. Und nicht nur das. Diese fünfzig Prozent der Lebensprobleme stellen ihn vor eine zentrale Aufgabe: Sie dienen wohl dazu, dass er an ihnen reift und gegebenenfalls ein anderer Mensch wird. Ein Mensch ist wie ein Baum, der wächst und reift und Früchte trägt und dabei nicht davonlaufen kann. Wachstum und Reifeprozess erfolgen bei uns nicht dadurch, dass man Lösungen für seine Probleme hat. Wenn man immer weiß, was zu tun ist, bleibt man der Alte. Das Leben dreht sich im Kreis. Erst wenn man nicht mehr weiter weiß, ist man gezwungen, etwas in seinem Leben zu ändern. Und in der Regel ändert man dann etwas in seiner Einstellung zum Leben. Die veränderte Sicht, der andere Blick auf das Leben, ändert das Leben. Der Weg wird auf einmal zum Ziel.

Eine Veränderung wagen

Diese Einstellungsänderung im Leben ist immer schwierig. Lebenskrisen lösen zunächst ein regressives Verhalten, einen Rückschritt, aus. Man wird wieder zum Kind und schließt die Augen, vertraut dem Alten und verschließt sich so dem Neuen. Doch wer das Ziel aus den Augen verliert, das Ziel, durch Häutungen und Krisen zu wachsen, der bleibt unreif. Wir brauchen die Ermutigung aus Religion und Spiritualität, um diese Veränderung zu wagen, sodass wir am Ende dieses Lebens, mit siebzig, achtzig, neunzig Jahren, angesichts unseres nahen Todes den Schöpfer loben und sagen können: »Es war ein abenteuerliches Leben. Es war meines. Ich bin glücklich. Ich bin dankbar. Halleluja!«

Der zweite Grundgedanke, auf den unsere Religion und Spiritualität gegründet ist, lautet:
Das Leben ist ein Geschenk, du bist ein Kind der großen Schöpfung.
Dieser Satz ist der Kompass auf dem abenteuerlichen Wachstumsweg durch das Leben. Er ordnet alle Ereignisse ein. Er ist die entscheidende Orientierung am Nachthimmel der Ausweglosigkeit. Er darf nicht verloren gehen. Wer ihn verliert, ist selbst verloren.

Wenn das Leben keine Probleme bereitet, fällt es nicht schwer, dem zuzustimmen. Die Sonne geht auf, sie ist ein Geschenk. Es regnet ohne mein

Verdienst. Ich bin geboren ohne mein Zutun: Das Leben ist tatsächlich ein Geschenk.

Aber diese Erkenntnis im Guten gilt auch in Krisensituationen. Dann aber müssen wir uns diesen Satz immer wieder gegenseitig sagen: »Das Leben ist ein Geschenk.« Wir müssen ihn ständig wiederholen, damit wir ihn behalten und verinnerlichen. Er darf nicht verloren gehen! Und wenn der eine ihn verloren hat, muss der andere ihn mitteilen. Der Verzweifelte darf nicht versinken. Das Leben ist so abenteuerlich, dass es uns diesen Grundsatz immer wieder vergessen machen will. Wenn man den falschen Partner hat, wenn man schwer krank ist, dann scheint das Leben plötzlich zu sagen: »Ich bin doch kein Geschenk, wer hat dir denn so was erzählt ... Im Gegenteil: Du bist deines Glückes Schmied!« Und sobald dieser Satz der Erfolgreichen eingerastet ist im Bewusstsein eines leidenden Menschen, dann schleicht sich ein schlimmer Verdacht ein zusammen mit einem bösen Satz, und der lautet:

Ich werde durch meine Krankheit, meinen Kummer etc. bestraft. Womit habe ich meine Krankheit und mein Unglück verdient?

Denn der Satz, dass man der Schmied seines Glückes ist, legt für viele den Schluss nahe, dass man auch der Schmied seines Unglückes ist. Die-

15

ser Satz ist das Gift jeder Wunde. Er martert den Kopf, unerbittlich wie ein Mühlrad, und macht schwach statt stark.

Wenn Sie mit kranken Menschen reden, dann begegnet Ihnen dieses Fühlen und Denken eigentlich fast immer. Die Kranken sagen entweder: »Ich habe es verdient«, oder sie fragen, was genauso gefährlich ist: »Womit habe ich das verdient?!« Oder sie ziehen das Fazit: »Das habe ich doch nicht verdient.«

In diesen kritischen Situationen, in denen ein Mensch denkt, er habe sich etwas verdient, ist die christliche Spiritualität das Heilmittel, vielleicht das einzige. Und diese Medizin sagt: »Du hast dir das gar nicht verdient! Die Sonne geht auf über deinem Leben, obwohl du ein Versager bist. Und die Erde bebt auch unter den Heiligen. Nichts hast du dir verdient! Und du kannst es dir auch durch richtiges Leben nicht verdienen.«

Ein zweijähriges Kind hat sich keine Leukämie verdient. Punktum! Kein achtundsiebzigjähriger Mensch hat Krebs verdient. Punktum! Die Spiritualität sagt vielmehr: »Mit achtundsiebzig Jahren Krebs zu bekommen ist ein Geschenk, eine Aufgabe, eine Herausforderung, vielleicht die letzte.« Das ist ein verdammt harter Satz, aber er ist eine Alternative. Ein Kind zu haben, das krank ist, ist ein Geschenk. Fragt sich nur, was für eines. Aber es gibt eben Geschenke, die lange ausgepackt werden müssen. Jahrelang! Und siehe da, sie bereichern eine ganze Familie.

Jeder Arzt sagt es, jeder Geistliche weiß es: Eine Krankheit kann nur dann überwunden werden, wenn sie erst einmal angenommen worden ist, und nicht, wenn man gegen sie kämpft. Das gilt genauso für die Trauerarbeit. Das gilt für jede schwere Lebenskrise.

Diese Einsicht ist der Kern uralten Wissens. Im Alten Testament steht die Grundgeschichte dazu. Es ist die Geschichte zum Thema Trauer, Abschied, Verdienst und Geschenk. Es ist die Geschichte von Hiob, wahrscheinlich sogar die älteste Geschichte, die wir in unserem Kulturkreis kennen. Sie erzählt von einem Mann, dem die Frau, die Töchter, die Söhne und das Vieh, dem also wirklich alles genommen wurde. Laut Legende geschah dies vor dem Hintergrund einer Wette zwischen Gott und dem Teufel, der zuvor gesagt hatte: »Weißt du, Gott, Hiob lobt dich ja nur, weil du so gut zu ihm bist. Für mich, den Teufel, ist der Glaube ein Geschäft, ein Verdienst! Wenn wir Hiob aber alles nehmen, dann ist die Geschäftsgrundlage entfallen, und er wird von dir abfallen.«

17

Der Teufel macht Geschäfte, Gott hingegen schenkt! Das ist der entscheidende Unterschied, der immer gegenwärtig bleiben muss.

Hiobs Lehre

Als Folge dieser Wette zwischen Gott und dem Teufel verliert Hiob alle Menschen, die ihm nahe stehen, und seinen ganzen Besitz. Ein Unglück reiht sich an das nächste. Es ist wie im Krieg. Alles wird ihm genommen, woran sein Herz hing und was seine Existenz sicherte; nur das nackte Leben bleibt ihm. Und er fängt an, genau so, wie wir es heute in größter Hilflosigkeit tun, zu fragen und anzuklagen: »Gott, womit habe ich das verdient? Habe ich dir nicht immer den Zehnten gebracht! Bin ich nicht immer zum Gottesdienst gegangen! Habe ich nicht immer zu dir gebetet! Ich war doch ein frommer Mann, wir haben uns doch fast geduzt. Und du hast mir meine Frau genommen, meine Kinder genommen – alles habe ich verloren!«

Hiob streitet mit Gott. Er greift Gott in aller Schärfe an, er beleidigt ihn. Streit ist nämlich auch ein Geschäft. Unsere Sprache weiß das, denn sie spricht auch von »Händel«.

Auch Hiob kämpft gegen das, was ihm angetan wurde, genau so, wie viele Menschen es bei Krankheit und in Situationen der Trauer tun, wenn sie stumm oder laut schreien: »Das habe ich nicht verdient! Das Leben war doch ein Handel, oder nicht?«

Hiob klagt, wird immer aggressiver gegen Gott. Aber es passiert nichts – außer dass Gott ihm zu verstehen gibt: »Du kriegst deine Frau nicht wieder! Du hast gar kein Recht, so mit mir umzuspringen! Du hast falsche Vorstellungen vom Leben. Du bist ein Mensch, und ich bin Gott, und es steht dir nicht zu, mit mir zu handeln wie ein Krämer.«

Doch schließlich, am Ende der Geschichte, als Hiob bereits aufgehört hat zu kämpfen, zu handeln und zu verhandeln, als seine geballten Fäuste sich geöffnet haben, da bekommt er alles, was er zuvor verloren hatte, ein zweites Mal. Als er es aufgegeben hat, als er sich ergeben hat, erhält er alles erneut zum Geschenk. Dabei hat er sich nichts verdient.

Die Episode mit Hiob ist die uralte Geschichte, die der Frage nachgeht: Ist das Leben ein Geschenk oder ein Verdienst? Der Teufel sagt: Es ist ein Verdienst! Gott hingegen sagt: Es ist mein Geschenk. Darum behaupten die Erfolgreichen in

Teufels Namen auch: »Ich habe es verdient.« Und arme oder unglückliche Menschen zweifeln das in Gottes Namen an.

Uraltes Wissen

Die Menschen in den verschiedenen Religionsgemeinschaften besitzen ein uraltes Wissen, das über Generationen tradiert wurde und dadurch zu einem Schatz geworden ist. Dieses Wissen ist natürlich auch ein Teil unserer christlichen Tradition und unserer Glaubenssätze. Es ist unumstößlich. Es besagt:

Dein Leben ist ein Geschenk, lass dich nicht irremachen. Auch wenn andere es immer wieder versuchen werden.

Es zeigt sich nicht gleich; es ist nicht so schön dekoriert und so verlockend wie unsere Geschenke. Es ist oft versteckt. Es gleicht eher einem Diamanten, der tief im Acker vergraben liegt und erst nach Jahren der Mühe und der Qual wieder an die Oberfläche tritt. Aber die ganze Mühe und die Qual ändern nichts an unserem Satz: Das Leben ist ein Geschenk.

Dieser Satz beinhaltet die geistige Grundlage, um Menschen in Krisensituationen – bei Krank-

heit, Verlust, Tod von Angehörigen oder angesichts des eigenen Sterbens – zu begleiten und zu
trösten. Dieser Grundsatz ist das Zentrum christlichen, jüdischen, muslimischen Glaubens sowie
anderer, auch atavistischer, Religiosität. Nicht nur
das letzte Hemd hat keine Taschen. Die wahren
Güter waren nie zu kaufen.

Wenn dies nun so ist, wenn diese Glaubensgemeinschaften diesen Wissensschatz besitzen,
warum tun sich ihre Priester dann so schwer,
Kranke, Sterbende und Trauernde zu begleiten
und zu trösten? Warum sind sie so tumb auf einem Gebiet, über das sie das kostbarste und tiefs-
te Wissen angesammelt haben?

Sie tun sich deshalb so schwer, weil der Umgang mit diesem Wissen in ihrem Leben abstrakt
geblieben ist – weil es vielen Kirchenvertretern an
persönlicher Lebenserfahrung mangelt. Eigene Erfahrung meiden sie wie der Teufel das Weihwasser. Doch Erfahrung ist das eigentliche Weihwasser der Priester: Jeden Tag und jede Nacht steht es
bereit, damit sie sich darin taufen lassen wie Jesus
im Jordan und zuerst die Angst verspüren, unter-
zugehen, und dann doch immer wieder eine Hand
erfahren, die sie aus den Fluten rettet. Wer auf-
erstehen will, muss zuvor untergegangen sein.
Deshalb fürchtet der Teufel doch die Taufe, die

zeigt, dass man am Leben bleibt, wenn man gegen die Angst angeht.

Um die Kraft des uralten Wissens und seiner heilenden Rituale zu erschließen, bedarf es des intensiven Umgangs mit Menschen. Die Kirchenvertreter müssen erfahren, wie die Menschen, denen sie Beistand schenken sollen, heute leben, fühlen und denken. Nur dann haben sie eine Chance, ihr Wissen unter die Leute zu bringen und einen Funken zu zünden. Nur dann können Rituale angenommen werden und ihre heilsame Wirkung entfalten.

Aber für die meisten Priester gilt leider noch immer: Sie halten sich fern von Menschen, bei denen sie heftige Gefühlsausbrüche – siehe Hiob! – befürchten müssen. Sie leben auf Distanz. Sie haben Angst vor Tränen. Sie haben Angst davor, innerlich berührt zu werden und körperlich zu berühren. Es fehlt ihnen die Erfahrung, auch die Übung, Leidenden und Liebenden so zu begegnen, dass diese sich getröstet fühlen. Denn das ist in meinen Augen die Hauptaufgabe der Kirchen: trösten, trösten, trösten! Wir Priester gehören an die Seite der Menschen. Unsere Augen müssen sehen, was sie sehen. Unsere Ohren müssen hören, was sie hören. Und unser Mund muss schreien, wenn sie zu verstummen drohen.

Wir haben viel zu wenige Meister der Erfahrung in den christlichen Kirchen. Die Menschen aber brauchen Meister der Erfahrung und nicht Meister der Buchstaben, damit sie ihre eigenen zentralen Erfahrungen annehmen können. Die Kenntnis der Schriften allein genügt nicht mehr und hat nie genügt. Sie muss mit Praxis gepaart werden.

Früher wurde man Geistlicher und Schamane nicht durch einen Universitätsbesuch, sondern dadurch, dass man eine schwere Krankheit durchgemacht hatte: Ein Mensch war durch eine üblicherweise todbringende Krankheit, durch Krisen und Träume hindurchgewandert, und er war auf außergewöhnliche Weise gestärkt daraus hervorgegangen. Dadurch war er anderen Menschen voraus, er besaß Erfahrungen, die ihn vor den anderen auszeichneten. Dadurch war er ein Geistlicher. Er war ein Erfahrener, ein Fährmann, der offenbar wusste, wie man durch den Fluss kommt. Er hatte sein Wissen mit dem eigenen Leib gesammelt. Dadurch war er prädestiniert, für die anderen Menschen in Träumen oder Halluzinationen das Heil vom Himmel zu holen oder es wenigstens zu erbitten. Zu beten, zu singen und Geschichten zu erzählen, mit denen die Krise wieder präsent wird, das war ihre Arbeit. Es ist die Aufgabe des Priesters, die Menschen zu ermutigen, nicht auszuweichen vor den Herausforderungen des Lebens. Die Priester müssen ihre ganze Kraft darauf richten, die Seelen der Menschen zu stärken.

Warum laufen die Menschen den Kirchen davon?

In unserer Gesellschaft können Menschen heute ihre Religionszugehörigkeit frei *wählen*. Eine Zugehörigkeit zu einer Glaubensgemeinschaft wird nicht mehr wie ein angeborenes Merkmal als selbstverständlich angenommen, und sie hält nicht mehr ungeprüft ein Leben lang. Täglich treten Hunderte von Menschen aus den christlichen Kirchen aus. Warum sind diese Menschen nicht mehr erreichbar für die kirchliche Lehre? Weil sie ignorant sind? Nein. Die meisten Menschen halten ihre Zugehörigkeit zu einer Glaubensgemeinschaft für entbehrlich, weil sie nicht mehr spüren, dass ihr Leben in den Kirchen vorkommt. Es sind nicht ihre Fragen, es sind nicht ihre Antworten, es ist für sie nicht von Interesse, was da sonntags in den Gotteshäusern verhandelt wird.

Ich kann auch noch radikaler fragen: Warum gelingt die Auferstehung der Kirche nicht, obwohl der Exodus der zahlenden Mitglieder nicht neu ist und als Aufforderung zur Erneuerung verstanden werden müsste? Warum ändert sich nichts, obwohl sich innerhalb der Kirchen eine riesige Zahl von Mitarbeitern mit größtem Einsatz darum bemüht? Warum ändert sich nichts an den Kirchenaustritten, obwohl viele Priester und Laienhelfer in den Gemeinden rackern bis zum Umfallen?

Die christliche Kirche behauptet seit mehr als zweitausend Jahren, sie wisse, wie das Leben aussieht, und sie habe einen Meister, der habe alles offenbart. Und dieser Meister wird ständig zitiert. Aber über die Menschen, die in die christlichen Gotteshäuser kommen, wissen wir Kirchenleute beinahe nichts. Die Erfahrung von Jesus von Nazareth scheinen die Leute von heute nicht nötig zu haben. Es ist, als wäre die Schöpfung Gottes mit dem letzten Buchstaben der Bibel beendet. Als wäre nicht jeder Mensch ein neues heiliges Buch, das auf die Erde gekommen ist, damit es studiert wird. Es ist schon eine besondere Institution, die so offensichtlich Angst hat vor der Begegnung mit Liebenden, mit Sterbenden, mit Krisengeschüttelten und mit Trauernden. Aber genau da liegt das Leben. Mist ist der Nährboden für die Pflanze Mensch! Gott wohnt auf dem Misthaufen.

Darüber hinaus sind die christlichen Glaubensgemeinschaften wohl die einzigen religiösen Gemeinschaften auf Erden, die vor nahezu jeder
neuen Erfahrung Angst haben. Muslime z. B. fas-
ten, beten und pilgern. Es ist ein Muss. Diese
Glaubensregeln haben im Leben der Christen an
Bedeutung verloren. Sie sind nicht mehr ein selbst-
verständlicher Teil des Alltags, wie es bei den
Muslimen der Fall ist, die in aller Öffentlichkeit
fünf Mal am Tag zum Gebet gerufen werden, die
Regeln des Fastenmonats Ramadan befolgen und
die Pilgerfahrt nach Mekka als eine der vor-
nehmsten Pflichten des Gläubigen betrachten.

Interessanterweise wird die Reise nach Mekka
der Öffentlichkeit kundgetan, indem man das
Haus des Pilgerfahrers mit Reiseszenen oder Darstellungen der Kaaba, des Heiligtums von Mekka,
dekoriert. So entsteht aus ganz sinnlich erfahr-
baren Glaubensbekenntnissen die Kunst des *hajj*,
die den Glauben propagiert und lebendig hält.

Den Protestanten ist nichts an sinnlichen Erfahrungen geblieben. Der Protestantismus ist die
»verkopfteste« aller Religionen. Nicht einmal be-
kreuzigen muss man sich, um den Körper auf die
Begegnung mit Gott einzustimmen, nicht einmal
knien beim Beten, nicht einmal durch die Bespren-
gung mit Weihwasser die Taufe symbolisch wie-

derholen. Nichts! Es ist eine Religion ohne Leib. Ohne Unterleib sowieso.

Die christlichen Kirchen, selbst wenn sie der Tradition und dem Altbewährten verhaftet sind, machen den Menschen viel zu selten Mut, lebendige, körperliche, sinnliche Erfahrungen zu sammeln, daran zu wachsen und sie weiterzugeben. Stattdessen werden den Gemeindemitgliedern autoritäre Sätze vorgehalten wie: »Glaubt, dann wird sich der Himmel schon auftun.«

Tut er aber nicht; er bleibt verschlossen. So verschlossen wie der Rufende.

Dabei zeigt die Geschichte des Wortes »glauben«, was eigentlich damit gemeint war. »Glauben« bedeutet eben nicht »für wahr halten«. Es bedeutet »sich vertraut machen«. Wer glaubt, ist bereit, Experimente einzugehen als persönlicher, individueller Weg menschlichen und geistigen Wachstums. Ein Mensch ohne eigene Erfahrung ist kein Mensch und wird auch keiner. Erfahrungen, die uns Staunen, Schaudern, Furcht und Zittern einflößen und Bewährung von uns fordern, sind das irdische Fenster in eine andere Wirklichkeit.

Das größte Fenster zum Himmel jedoch, so glaube ich, öffnet sich am Bett eines Sterbenden. Ein Mensch, der einmal die Gnade erfahren und

27

das Geschenk und den Mut bekommen hat, einen Sterbenden zu begleiten, braucht keinen Pfarrer mehr, um zu wissen, dass es eine andere Wirklichkeit gibt. Dieses Wissen wird an einem Sterbebett zu einer persönlichen Erfahrung. Es ist das erste Fenster zur anderen Wirklichkeit.

Darum rate ich allen Menschen:

Bleibt an den Sterbebetten eurer Verwandten, Freunde, Nachbarn, bis der Tod gekommen ist.

Und selbst dann, wenn der Tod eingetreten ist, nehmt euch Zeit, dort auszuharren. Denn dann werdet ihr eine spirituelle Erfahrung machen, die unumstößlich ist. Ihr werdet wissen, dass es eine andere Wirklichkeit gibt – eine, für die ein Pfarrer vielleicht zehn, zwanzig Jahre predigen muss, um davon zu überzeugen. Bleibt bei den Sterbenden, und holt die Sterbenden in eure Mitte, in die Wohnungen, in das Wohnzimmer, ins Zentrum der Familie! Das zu fordern ist einfach, es zu realisieren ein langer Weg. Hilft uns die Kirche dabei?

Angst vor Tränen

Man darf in einer Kirchengemeinde ja nicht einmal Erfahrungen mit Rührung und Berührung machen. Wenn Menschen berührt sind und weinen, dann wird das von den Kirchenleuten häufig abgetan: »Na ja, Tränen gehören zum Menschen. Sie sind eine Art Seelenventil für sich abwendende Menschen.« Damit wird übergangen, dass Tränen die Mitte der Kommunikation darstellen. Zusammen mit dem Lachen sind sie der sichtbarste Ausdruck von starken Gefühlen, bei Frauen und bei Männern. Tränen der Freude und Tränen der Trauer werden von den meisten Kirchenleuten als eine Art Überlauf der menschlichen Psyche verstanden, nicht aber als eine Form der Kommunikation begriffen, durch die die Gemeinschaft wirkungsvoll gestärkt werden kann. Fragt sich nur, warum der liebe Gott sie ausgerechnet in die Mitte der menschlichen Kommunikation platziert hat, ins Gesicht, in die Augen! Warum?

In einer normalen Messe oder einem üblichen Gottesdienst geht es häufig zu wie bei einem Mikadospiel: Es gewinnt der, der niemanden bewegt; derjenige bekommt die meisten Punkte, der keinen anderen Menschen ins Wanken bringt. In einer Nullachtfünfzehn-Kirchengemeinde von heute, sei sie evangelisch oder katholisch, gehört es sich nicht, Rührung oder Berührung herzustellen. Dennoch existiert ein Bedürfnis nach Rührung und Berührung, und wir kennen alle die Situation, in der ein Priester gelegentlich sagt: »Reicht euch die Hand. Gebt euch ein Zeichen des Friedens.«

Einerseits haben die Besucher eines Gottesdienstes Sehnsucht nach Berührung, doch andererseits spüren die empfindsamen Seelen unter ihnen, wie eigentümlich das ist, wie aufgesetzt dieses Sich-die-Hände-Reichen wirkt. Die Sensibilität dieser Menschen vermittelt ihnen einen richtigen Eindruck: Sie haben gespürt, dass eine Zuwendung von zwanzig Sekunden künstlich ist, da der gesamte Ablauf der Feier nicht auf Kommunikation angelegt ist. Berührung bleibt fremd. Die Atmosphäre lässt keinen Raum für Zärtlichkeit, weder in der Messe noch beim Gottesdienst. Warum soll ich zwanzig Sekunden Zuwendung mimen, wenn das die einzige Kommunikation ist, die mir während der Zeremonie mit meinem zufälligen Nachbarn zugebilligt wird?

Doch statt die Beziehungslosigkeit nur zu kritisieren, rümpfen wir die Nase beim Friedensgruß. Aber wo sollen wir anfangen?

Ich glaube, dass wir mit der Veränderung der Kirchen nicht vorankommen, wenn wir uns nicht der Trauerbewegung anschließen. Das Problem ist nur: Die christlichen Gemeinden haben es verlernt zu trauern. Sie werden es erst wieder praktisch lernen müssen, und der erste Schritt dazu heißt:

Die Toten müssen wieder in die Kirchen gebracht werden.

Dann haben auch die Tränen wieder ihren angemessenen Platz in der Kirche zurückgewonnen.

Doch mit dem Aufbahren der Verstorbenen in der Kirche ist es oft nicht getan. Ehrfurcht und Angst bilden einen Graben voller Distanz zwischen den Verstorbenen und seinen Angehörigen in den ersten Kirchenbänken. Und genau in diesen Graben begibt sich der Pfarrer, wenn er vor die Gemeinde tritt, nachdem er zuvor an der Kirchentür alle Trauernden mit Hand und Herz begrüßt hat.

Ich verneige mich dann immer zuerst vor den Angehörigen. Ihr Schmerz fordert mir den größten Respekt ab. Ihnen gilt meine erste Zuwendung. Dann drehe ich mich um und verneige mich ebenso vor dem Verstorbenen. Ihm will auch ich in dieser Stunde nahe sein. Er ist nicht tot. Er kann mich doch rühren. Ihn will ich auch ehren. Und ich lausche und spüre in der Stille, die sich ausbreitet, ob mein Herz sich ihm nähert. Wenn das nicht geschieht – manchmal ist der Alltag eines Pfarrers so strapaziös, dass man an einem Tag nicht nur auf einer Beerdigung Worte und Gefühle finden, sondern noch auf zwei Hochzeiten tanzen muss –, dann knie ich vor dem Sarg nieder. Ich warte und schere mich nicht um das Zeitlimit von zwanzig

Minuten, das vielen in Großstädten angemessen scheint, um sich von seinen Toten zu verabschieden. Ich bin in unserer Kirche. Ich bin zu Hause. Hier hat man Zeit für die Lebenden und für die Toten. Und will mein Herz immer noch nicht seufzen, dann stehe ich auf und trete neben den Sarg. Vorsichtig lege ich meine Hand auf den Sargdeckel, berühre und streichle ihn, wie wenn ich durch das Holz den Leichnam und durch den Leichnam den Menschen und durch den Körper die Seele noch einmal streicheln und lieben könnte.

Das mag sich alles sehr fremd anhören und auch so aussehen. Mir hilft es jedoch, das Ritual zu durchbrechen, das von einem routinierten Pfarrer erwartet wird. Auch in dieser Situation will ich sinnliche und körperliche Erfahrungen machen, die mir helfen, meine Aufgabe wahrhaftig zu erfüllen.

Ich bin in Radevormwald im Bergischen Land aufgewachsen, in den Fünfzigerjahren. Dort wurden bei Beerdigungen noch die Pferde angespannt. Zu meinen tiefsten Kindheitserfahrungen gehört der Abschied von dem verstorbenen Vater eines Schulkameraden. Der Mann war ein unmittelbarer Nachbar gewesen. Er lag drei Tage lang aufgebahrt zu Hause, und wir Jungen durften ihn besuchen. Ich war damals ungefähr zehn Jahre alt.

Dann wurde der Tote von einer schwarzen Kalesche, gezogen von vier Pferden mit Scheuklappen, abgeholt. Das war für mich als Kind, wenn man so will, auch ein ekstatisches Erlebnis. Es war nicht der Alltag, es war etwas ganz Besonderes, und ich habe es bis heute nicht vergessen. Was muss das für ein Himmel sein, in den man, festlich gekleidet, mit Pferd und Wagen geholt wird? Da wird die Trauer durch das Festliche erträglich.

Dieses Kindheitserlebnis hatte für mich auch berufliche Folgen. Vor fünfundzwanzig Jahren habe ich als Gemeindepfarrer angeregt: Wer will, kann von seinen Verstorbenen in der Kirche Abschied nehmen – und nicht in der Leichenhalle oder in der Aussegnungshalle, wie es damals üblich war und auch heute vielerorts noch üblich ist.

Beharrlichkeit tut Not

Es hat damals einigen Einsatz verlangt, um beim Kirchenvorstand zu erreichen, dass vor dem Altar, vorn in der Kirche, ein Sarg stehen durfte. Dabei schlägt auch das Herz der Kinder für den Ort, an

dem einmal der Sarg der Mutter stand. Das Got-
teshaus wird heilig und unantastbar für die Menschen, die dort ihre Angehörigen betrauerten.
Dennoch, es erfordert auch heute noch viel Durch-
setzungsvermögen und Beharrlichkeit, wenn man
erreichen will, dass die oder der Tote wieder einen
Platz in der Kirche bekommt. Da muss mit Bestattern, der Polizei und der Stadtverwaltung
völlig neu nachgedacht werden. Die Zeit der Verdrängung und vorgeschobener Hygienegründe
sollte endgültig vorbei sein.

Die erste Generation, die keine Erfahrung mit toten Menschen hat, lebt unter uns. Seit Beginn der
Menschheitsgeschichte hat es das noch nie gegeben: Männer und Frauen, die vierzig, fünfzig Jahre
alt sind und noch nie einen Toten gesehen haben.
Wir wundern uns, warum unsere Gesellschaft immer verrückter wird. Vielen Menschen fehlt der
Überblick, die Weitsicht, die sie über den Rand des
Lebens hinausschauen lässt. Wundern wir uns
nicht länger – tun wir etwas dagegen! Sorgen wir
dafür, dass die Menschen wieder Erfahrungen mit
Toten haben können und so mit ihrer eigenen Endlichkeit konfrontiert werden.

Es geht dabei auch darum, dass eine Kirchengemeinde sich wieder auf das bezieht, worauf die

Kirche ursprünglich gegründet wurde. Es ist unsere Aufgabe, den Tod und die Auferstehung, den Trost und den Beistand wieder in das Zentrum der Kirchengemeinde zu stellen.

Ich weiß, wie schwierig es ist, dies alles durchzusetzen. Ich bin ja ein altgedienter Pfarrer, der weiß, wovon er spricht. Ich bin doch auch immer mit Streuselkuchen versorgt worden beim Pfarrkonvent. Das heißt, ich kenne die Menschen, die da sitzen, und ich kenne ihre Bequemlichkeit und ihre Ängste. Und ich weiß, dass es nicht einfach ist, einen Kirchenvorstand umzustimmen und zu fordern: Wir wollen den Toten unter uns haben, wir wollen ihn im offenen Sarg in der Kirche aufbahren. Das erzeugt Panik, und sofort kommen zahlreiche Gegenargumente, vom Leichengeruch angefangen bis zum Leichengift. Es will sich in diesen Kreisen einfach nicht herumsprechen, dass es Leichengift überhaupt nicht gibt. Warum? Weil Kirchenleute in Gefühlsdingen hilflos und verängstigt sind. Sie scheuen die Erfahrung, da sie kaum Selbsterfahrung besitzen und in der Regel falsch ausgebildet sind.

Wenn ich nun in diesem Buch zusammen mit dem Bestatter und Trauerbegleiter Fritz Roth auftrete, dann deshalb, weil in seinem Haus und in seiner Arbeit das Wesentliche nicht zerredet, sondern erlebt wird. Das, glaube ich, ist das Geheimnis dieses »Hauses der menschlichen Begleitung«. Darum wirkt der Ort, an dem sich nicht nur trauernde Menschen versammeln, auf Menschen so anziehend. Hier werden grundlegende Erfahrungen vermittelt und keine abgehobenen Weisheiten verkündet. Dort wird getrauert, aber auch gelacht. Dort wird nicht nur Trauernden Unterstützung zuteil, sondern mit vielfältigen Veranstaltungen – Lesungen, Vorträgen, Diskussionsrunden, Kabarett – ein Nachdenken über den Tod und die Sterblichkeit angeregt, und es werden Begegnungen ermöglicht, die Trost und Unterstützung im Trauerfall bieten, ein Konzept, von dem auch die Kirchen lernen könnten.

Denn das Potenzial der Glaubensgemeinschaften liegt in den Menschen, die diese Erfahrungen gemacht haben. Und wenn ich sage, die Zukunft der Kirche liegt in einem sensibleren Umgang mit der Trauer, einem Zulassen von Trauererfahrung, dann sind Sterbende und Trauernde die Lehrmeister des Lebens und des Glaubens. Die Kirche wird von ihnen lernen müssen. Die Themen Abschied und Trauer wieder ins Zentrum ihrer Arbeit zu setzen und den Menschen in Zeiten des Verlustes

Trost und Beistand zu bieten bedeutet für die christlichen Kirchen die größte und vielleicht sogar die einzige Chance, wieder an Gewicht im Alltag der Menschen zu gewinnen.

Das Vorbild der Hospizbewegung

In einigen Punkten sind die Kirchen durchaus auf dem richtigen Weg, aber es geht viel zu langsam voran. In den vergangenen fünfzig, sechzig Jahren haben sich die christlichen Kirchen vor allem in zwei Sachen zum Positiven hin geändert: Das eine ist die Ausbildung von Krankenhausseelsorgern. Diese geistlichen Vertreter der Kirchen haben endlich gelernt, wie man Menschen zuhört und sie unterstützt, statt sie, wie lange Zeit üblich, mit irgendwelchen Sprüchen aus dem Neuen Testament abzuspeisen. Sie haben es von der Pike auf neu gelernt, Trost und Beistand zu leisten.

Zum Zweiten gibt es immer mehr Verbindungen zur Hospizbewegung, die als Initiative von Laien in der Lage ist, den Kirchenleuten Vorbild zu sein. In der Hospizbewegung werden bei der Begleitung Sterbender zentrale Erfahrungen gemacht, die ein Fenster zum Himmel, in eine andere Wirklichkeit, öffnen, eine Erfahrung, die auch

die christlichen Kirchen wieder zulassen und fördern müssen.

Die Erneuerung der Kirche in den letzten Jahren
erfolgte also von außen. Aber sie ist in den einzelnen Menschen, die in unseren Kirchenbänken sitzen, längst präsent. Wir müssen sie nur von ihren
Erfahrungen reden lassen. Wir müssen nur dem
Heiligen Geist, der über unseren Versammlungen
schwebt und uns immer wieder zusammenhält,
eine Chance geben. Dass diese ausgerechnet von
den Sterbenden und den Sterbebegleitern kommen soll, liegt durchaus in der Tradition begrün-
det. Die Überlieferung lehrt uns, dass dort, wo ein
Samenkorn behutsam in die Erde gelegt wird, tau-
sendfache Frucht folgt. Dem ist auch heute nichts
hinzuzufügen.

FRITZ ROTH

Die Realität des Todes begreifbar machen

Als Bestatter und Trauerbegleiter begegne ich sehr oft Menschen, die in ihren Gefühlen erstarrt sind. Sie nehmen Kontakt mit uns auf, weil ihre Mutter oder ihre Frau gestorben ist, und es stellt sich heraus, dass sie noch nie einen Toten gesehen haben. Und so haben sie das Thema Tod immer außen vor halten können. Sie kommen in unser Haus, sind ganz cool, wie man heute sagt. Sie reden sich ein: Kopf hoch! Das Leben geht weiter ...

Für diese Menschen ist typisch, dass sie eigentlich keine Zeit für die Beerdigung haben. Sie wollen so weitermachen wie vorher. Der Verlust eines Menschen wird auf der Ebene der Terminfindung abgehandelt. Da wird der Kalender gewälzt, da wird von dieser oder jener wichtigen Sitzung gesprochen, die man im Dienst keinesfalls versäumen könne. Und man merkt, dass sie gar nicht auf die Idee kommen, ihre Termine abzusagen. Darum stelle ich in dieser Situation stets die Frage: Wie oft passiert es, dass ihre Mutter gestorben ist?

Wenn man angesichts des Todes nicht innehält – wann dann? Gerade diesen Angehörigen, die nur an Flucht denken können, wollen wir in unserem »Haus der menschlichen Begleitung« zur Seite stehen. Wie soll ich diesen Ort beschreiben? Ganz knapp kann man sagen: Einerseits ist es ein ganz normales Bestattungshaus, andererseits erfahren Trauernde, wenn sie es wünschen, hier auch noch in der Zeit nach dem Begräbnis eine besondere Begleitung. Es wird die Möglichkeit zu Gesprächen und zur Teilnahme an Trauergruppen geboten. Dieses Haus ist ein Ort der Begegnung, eine Heimat für Menschen, die einen Verlust erlitten haben.

Heimat, das ist ein Ort, an dem man Vertrautheit finden und Vertrauen aufbauen kann. In dieser Vertrautheit kann ein trauernder Mensch es wagen, neue Lebenserfahrungen zu machen oder sich mit seinen drängenden Fragen auseinander zu setzen. Ein Mensch, der vor seinen Problemen davonrennt, ständig auf der Flucht ist, hat keine Heimat. Es fällt ihm schwer, sich mit existenziellen Fragen zu beschäftigen. Unter Heimat verstehe ich dabei aber nicht nur einen realen Ort, sondern auch einen inneren Rückhalt, ein »Seelenfundament«, das auf Wertvorstellungen gegründet ist.

Vielleicht ist die bei uns übliche Verdrängung und Ausklammerung der Trauer aus dem öffentlichen Raum eine Folge unserer Konsumgesellschaft, die jedem alles Erdenkliche ohne Grenzen und ohne Einschränkungen verspricht. Der Mensch als Konsument steht im Mittelpunkt dieser Gesellschaft, die dem Marktwert huldigt. Menschen, die wie Alte und Kranke kaum noch Waren konsumieren, sondern im Gegenteil Kosten verursachen, haben kaum eine Lobby.

Überdies werden wir in unserer alltäglichen Welt immer »grenzenloser«. Die Werbung, aber auch die neuen Kommunikationsmittel suggerieren: Alles ist zu jeder Zeit verfügbar, rund um die Uhr und rund um die Welt, alles ist zugänglich, und das erscheint als das höchste Glück. Mit der Zunahme dieser »Grenzenlosigkeit« wächst aber auch die Orientierungslosigkeit. Alles, was Grenzen setzt, wird als eine Einschränkung des persönlichen Glücks erlebt und aus dem alltäglichen Erfahrungsbereich ausgeklammert und in der Öffentlichkeit meist negativ bewertet. Auch die Altersgrenze wird durch vielerlei Maßnahmen –

chirurgische eingeschlossen – immer weiter nach hinten verschoben. Alt zu sein war früher ein Privileg, heute, in der Gesellschaft des Jugendwahns, in der man *fit for fun* zu sein hat, wobei *fun* meist Konsum bedeutet, gilt ein fortgeschrittenes Alter nur noch als Makel. Entsprechend ist in der modernen Gesellschaft unser Umgang mit Sterben, Tod und Trauer. Die Alten und Kranken werden gettoisiert, der Tod isoliert und anonymisiert. Wir sind sprach- und ausdruckslos geworden zu Themen, die Worte und Ausdruck verlangen.

Der Tod, der endgültige Abschied und das Begräbnis eines Menschen werden nicht selten wie ein Event, wie eine Konsumware behandelt: »Darf es etwas mehr sein?« Das ist der Tenor der Fragen, mit denen sich viele Menschen beim Tod eines Angehörigen konfrontiert sehen, wenn sie ein Bestattungsunternehmen aufsuchen und es um die Wahl des Sarges und die Durchführung der Trauerfeier geht. Da fällt es den Hinterbliebenen leicht, sich vor der Auseinandersetzung mit dem Ereignis in eine hektische Betriebsamkeit zu flüchten. Das Maß der Ausstaffierung des Toten und der Luxus der Trauerfeier werden dabei nicht selten zum Gradmesser der Trauer – Konsumverhalten angesichts des Todes. Aber: Je größer der Aktionismus, desto eher erliegt man der Gefahr, sich von den Ängsten, Fragen und Schuldgefühlen freizukaufen, die der Tod eines Freundes oder eines Angehörigen in der Regel auslöst. Doch diese Gefühle lassen sich weder »wegkonsumieren« noch »wegagieren«. Sie müssen angenommen und erlebt werden.

Wer ist für die Hinterbliebenen zuständig?

Alte, kranke und trauernde Menschen haben in unserer Gesellschaft keine nennenswerte Lobby zur Vertretung ihrer Interessen. Keine Institution, keine erkennbare soziale Gruppe fühlt sich für Trauernde zuständig.

Das Gesundheitswesen klagt in der heutigen Zeit permanent über steigende Kosten in der Krankenbehandlung. Dabei werden meist nur die Auswirkungen der Krankheiten behandelt. Den Ursachen wird oft keine Beachtung geschenkt. Ich behaupte, dass Millionen, wenn nicht gar Milliarden in unserer Volkswirtschaft eingespart werden könnten, wenn der Trauer in der Gesellschaft mehr Beachtung geschenkt würde.

Vor ein paar Monaten lud ich Vertreter aller Krankenkassen Deutschlands zu einem kostenlosen Informationstag ein, um sie über die Begleitung Trauernder zu informieren und darüber mit ihnen zu diskutieren. Die Tagung sollte Impulse dazu geben, auf welche Weise Trauernde mit wenig Aufwand wieder auf eine natürliche Lebenseinstellung vorbereitet werden können. Sie sollte die Einsicht vermitteln, dass dies nötig ist, um Krankheiten als Folge nicht verarbeiteter Trauer vorzubeugen. Auf die über achttausend Einladungen erfolgte keine einzige Zusage; lediglich einige Nachfragen nach Informationsmaterial trafen ein. Gleichzeitig geben diese Krankenkassen beispielsweise Milliarden für die Behandlung von Tumorerkrankungen aus, verweigern aber die in keinem Verhältnis zu diesem Kostenaufwand stehende Bezuschussung von Gesprächskreisen, Seminaren oder Trauerreisen, die Hinterbliebenen seelischen Beistand bieten könnten.

Das Gleiche gilt für den Umgang mit Trauernden in deutschen Wirtschaftsunternehmen. Auch hier wird den Möglichkeiten einer positiven Trauerbewältigung kaum Beachtung geschenkt. Denn wenn ein Mitarbeiter ein Kind oder den Lebenspartner verliert, bekommt er in der Regel maximal vier Tage Sonderurlaub. Danach wird von ihm wieder seine volle Leistung erwartet. Bleiben diese aus, so schickt man ihn eher zu einem Motivationsseminar oder zu einem zusätzlichen Verkaufstraining, als ihm Raum für seine Gefühle zuzugestehen oder den Besuch von Gesprächskreisen zu ermöglichen. Solche Wege der Mitarbeiterstärkung stehen außerhalb der modernen Management-Theorien. Wenn man allerdings bedenkt, dass mindestens acht Prozent der Mitarbeiter eines Unternehmens in den letzten fünf Jahren den Verlust eines ihnen nahe stehenden Menschen zu verkraften hatten, dann lässt sich leicht einschätzen, was einem Unternehmen an Energie durch diese Mitarbeiter verloren geht.

Wer den Verlust eines Menschen nicht verkraftet, kann nur hoffen, dass ihm das Glück weiterhilft und er an einen Pfarrer, Arzt oder Therapeuten gerät, der sich auf Trauerbegleitung versteht.

Umgekehrt haben auch die professionellen Helfer es schwer, mit Hinterbliebenen in Kontakt zu treten. Wo kann man die Trauernden ansprechen, wenn sie keinen Bezug zur Kirche haben, wenn sie ihren Hausarzt nur bei akuten körperlichen Erkrankungen aufsuchen und nie auf die Idee kämen, in eine Beratungsstelle zu gehen? Da bleiben nur die Bestattungshäuser, denn das sind die einzigen Orte, die von Hinterbliebenen mit Sicherheit betreten werden.

Als ich erkannt hatte, wie viel Aufmerksamkeit Hinterbliebene brauchen, habe ich mich mit Fragen der Trauerbegleitung beschäftigt und mich auf diesem Gebiet weitergebildet. Das Gelernte, vor allem die Begegnung mit dem Trauerexperten Jorgos Canacakis, habe ich in meinem Bestattungshaus so umgesetzt, dass es nicht nur in den Kulturkreis des Bergischen Landes, sondern vor allem zu unserer christlichen abendländischen Kultur passt.

Zur Trauer ermutigen

Es hilft trauernden Menschen nicht, wenn ihnen Trauerrituale übergestülpt werden, die ihrer Gedankenwelt und ihrer Lebensweise nicht entsprechen. Dabei genügt es oft, den Hinterbliebenen Denkanstöße zu geben und ihnen zu erlauben, ihren Gefühlen Ausdruck zu verleihen, wenn es darum geht, die eigenen Bedürfnisse wahrzunehmen und eine eigene Form der Trauer zu finden. Ihnen dafür eine Heimat zu geben, einen Ort, an dem sie diese Trauer vertrauensvoll leben können, sollte das Ziel jedes Bestatters sein.

Um die Realität des Todes zu begreifen, bedarf es der konkreten Begegnung mit dem Toten. In einer Welt, in der das Fernsehen oft die direkte Anschauung ersetzt, wo die reale Wirklichkeit zunehmend durch virtuelle Scheinwelten ersetzt wird, kann die sinnliche Wahrnehmung des Verstorbenen, das Sehen, Fühlen, Riechen, wahre Wunder bewirken. Die Bilder der Terroranschläge in New York und Washington vom elften September 2001 haben große und nachhaltige Betroffenheit bei uns erzeugt. Doch auch in unserer Stadt, ja in unserer Nachbarschaft und in unseren Familien stürzen täglich kleine Twin Towers ein. Und wir nehmen es nicht wahr.

Wie oft führen wir in unserem Leben den Vergleich von »tot oder lebendig« an, obgleich wir eigentlich gar nicht wissen, was es bedeutet, *tot zu sein*. Wenn ich aber überhaupt nicht mehr weiß, was tot zu sein – besser noch: *nicht mehr beseelt zu sein* – bedeutet, kann ich nur schwer den Wert und die Chance des Lebendigseins bewerten. Da es mir wichtig ist, dass für diesen Zustand endlich ein Sensorium entwickelt wird, behaupte ich oft polemisch, dass achtzig Prozent der Deutschen gar nicht mehr zu sterben brauchen, da sie bereits zu Lebzeiten scheintot sind. Vielen Menschen fehlt nämlich die Begeisterung zum und vor allem am Leben. Um zu »begreifen«, was tot sein bedeutet, muss ich es erst »erfahren«. Derartige Erfahrungen können schlecht delegiert werden. Somit ist die Begegnung mit Verstorbenen »lebenswichtig« und vor allem belebend. Das ist der eigentliche Sinn des Abschiednehmens.

Deshalb braucht die Trauer Lebensräume, in denen derartige Erfahrungen vermittelt werden und die Angehörigen sich so viel Zeit nehmen dürfen, wie sie für den Abschied benötigen. Manchen reichen dreißig Minuten am offenen Sarg, andere bleiben einen ganzen Nachmittag oder Abend; wieder andere nutzen die Zeit bis zum Begräbnis, indem sie ihre Toten täglich besuchen, und sie laden Verwandte und Freunde zum Abschiednehmen ein. Den Toten auf diese Weise nahe zu sein tut weh, aber es tut zugleich gut – denn ein guter Abschied wirkt lange nach. Er schenkt Kraft für die Zeit der Trauer. Und das Trauern hilft, den Verlust eines Menschen zu verarbeiten.

Ein Reifeprozess

Die Trauer eröffnet einen Reifeprozess, in dem Bilanz gezogen und das Leben neu geordnet wird.

Jeder Tod kommt für den, der mit dem Verlust leben muss, einem Weltuntergang gleich. Dieses Chaos gilt es zu sortieren und vieles neu zu bewerten. Was war mir bisher wichtig? Was ist jetzt weniger wichtig? Die Prioritäten verschieben sich. Denn die Trauer um den Verlust eines Menschen geht fast immer einher mit der Trauer über das eigene ungelebte Leben, über die verpassten Chancen. Es ist der Tod, der uns zeigt, wie schnell die Zeit vergeht, wie unwiederbringlich vieles ist. Man trauert also auch um das, was man immer aufgeschoben hat und für das es möglicherweise bereits zu spät ist.

Im günstigen Fall vollzieht sich ein Wertewandel. Man beschließt, nicht mehr in den Tag hinein zu leben, sondern die verbliebene Zeit zu nutzen. Man hat erkannt: Heute ist der erste Tag vom Rest meines Lebens.

Ein Trauernder hat auch die Chance, den Wert von Beziehungen zu erkennen. Keiner ist das, was er ist, aus sich selbst heraus. Für unsere Entwicklung benötigen wir die Begegnung mit Menschen. Wir brauchen die Zustimmung und die Auseinandersetzung als Regulativ, das die Bildung unserer eigenen Werte steuert. Wer nur mit sich selber redet, wird »eigenartig«, ja im wahrsten Sinne des Wortes »verrückt« – in einer Welt zunehmender

Isolation und Vereinsamung ein immer größer werdendes Problem.

Nicht nur deshalb brauchen Trauernde Begleitung. Jeder Tod ist wie eine Amputation. Dem Hinterbliebenen wurde etwas »Lebenswichtiges« abgeschnitten. Durch diese Amputation hat er das Gleichgewicht verloren, er ist aus dem Tritt gekommen. Auch weil negative Gefühle in unserer Spaßgesellschaft zunehmend in die eigenen vier Wände zurückgedrängt werden, fällt es ihm schwer, auf andere zuzugehen. Deshalb sollten Trauerbegleiter auf die Trauernden zugehen. Sie können ihnen nichts von der Trauer abnehmen, sie können sie aber stützen, ihnen Halt geben. Trauerbegleiter können den Hinterbliebenen Krücken sein, Krücken, aus denen mit der Zeit »Geh-Hilfen« werden, die wirkliche Gehilfen sind. Diese Gehilfen gehen so lange mit dem trauernden Menschen, wie dieser Begleitung benötigt. Bei dem einen dauert es Wochen, bei dem anderen Monate oder Jahre, wiederum andere müssen ein ganzes Leben lang gestützt werden. Und dennoch vermag eine noch so gute Begleitung nicht zu verhindern, dass diese Amputation eine Narbe zurücklässt, eine Seelennarbe.

Unsere Gesellschaft hat vieles verlernt, was einmal ganz selbstverständlich zur Trauerkultur gehörte. In Deutschland werden den Trauernden die Toten gestohlen. Es gehört nicht mehr zum allgemeinen Wissen, dass wir den Anblick des Verstorbenen brauchen, damit wir uns der Realität des Todes bewusst werden – was unerlässlich ist, damit der Trauerprozess einsetzen kann.

Diese Unkenntnis ist bei den Betroffenen genauso weit verbreitet wie bei denen, die es eigentlich noch wissen müssten, den Bestattern und all denjenigen, die in einem Beruf an der Schnittstelle von Leben und Tod arbeiten. Offenbar ist das Wissen um das, was Trauernde wirklich brauchen, im Laufe der Zeit, da sich in unserer Gesellschaft die Kultur des unsichtbaren Todes herausbildete, auch bei diesen Helfern verloren gegangen.

Hinderliche Vorschriften

Vielfach sind es völlig veraltete Gesetze oder unsinnige Verwaltungsvorschriften, die Menschen in ihrer Trauer behindern. Zum Teil basieren unsere Bestattungsvorschriften noch auf Gesetzen aus der napoleonischen Zeit. Versuchen Sie einmal, auf einem Friedhof etwas zu gestalten, was aus dem

Rahmen fällt. Sofort wird jemand kommen und sagen: »Das ist verboten. Wenn das hier jeder machen würde ...«

Selbst das Pflanzen eines Blümchens an den Rand eines anonymen Gräberfeldes scheint das Regelgefüge einer Friedhofsverwaltung zu bedrohen.

Sich über unsinnige Begrenzungen hinwegzusetzen verlangt bürgerlichen Ungehorsam, und das nicht nur von einer Hand voll Menschen, sondern von vielen. Denn die Trauer ist eine der vielfältigen Formen des Gefühls der Liebe. Und genau wie die Liebe verträgt auch die Trauer keine Reglementierung, sondern sie verlangt nach Ausdruck. Sie fordert aber auch die Mündigkeit und die Verantwortung der Betroffenen. Gesetze, die eine individuelle, kreative Ausdrucksform der Trauer beschneiden, sind menschenunwürdig und sollten nicht beachtet werden, solange sie noch nicht abgeschafft sind.

Dass viele Menschen in der Trauerphase nicht die Kraft haben, ihre Vorstellung gegen Amtsträger durchzusetzen, ist nur allzu verständlich und erklärt, warum Änderungen in diesem Bereich nur sehr schleichend vorangehen. Doch auch in Krisensituationen sollten wir die Menschen als wache und mündige Mitglieder der Gesellschaft betrachten und ihnen mehr Möglichkeiten zugestehen, als es die gängigen Friedhofsordnungen und der Friedhofszwang tun.

Weshalb müssen Urnen auf einem Friedhof beigesetzt werden und können nicht, wie es auch in anderen europäischen Ländern schon lange möglich ist, an individuell zu bestimmenden Orten beigesetzt oder aufbewahrt werden?

Bei einer Seebestattung löst sich die Seeurne wenige Stunden nach der Beisetzung auf, und die Asche vermischt sich mit dem Wasser. Wenn ein Trauernder jedoch den Wunsch hat, die Asche eines Verstorbenen selbst einem Fluss, dem Meer oder einem See zu übergeben, wird ihm dies verwehrt. Auch die Asche zu Hause aufzubewahren oder die Urne im eigenen Garten beizusetzen ist nach deutschem Recht nicht erlaubt. Dabei könnte mit der Aufhebung dieser veralteten Vorschriften auch eine Neubelebung unserer gesellschaftlichen Auseinandersetzung mit Sterben und Tod erreicht werden.

Der Tod in unserem Alltag

Bei einer Bevölkerung von achtzig Millionen mit fast einer Million Toten jährlich herrscht eigentlich kein Mangel an Gelegenheit, dem Tod persönlich zu begegnen. Doch es kommt nur selten dazu. Allerdings glauben die meisten Menschen, durch das Fernsehen eine konkrete Vorstellung vom Tod zu besitzen. Meist wissen wir jedoch besser darüber Bescheid, wie viele Tote eine Katastrophe in einem fernen Teil der Welt verursacht hat, als über die Todesfälle in unserer unmittelbaren Nachbarschaft. Das Ableben eines Menschen nehmen wir zwar zur Kenntnis, aber es ist heute vollkommen unüblich, die Toten nach Hause zu holen, sie aufzubahren oder Totenwache am offenen Sarg zu halten. An die Stelle der persönlichen Erfahrung, der Begegnung von Angesicht zu Angesicht, sind die Berichte aus dem Fernsehapparat getreten, der in erster Linie dramatische Bilder liefert.

Die Vorstellungen vom Tod werden dadurch einerseits dramatisiert, andererseits auch trivialisiert. Dass Filme unseren Zugang zum Thema Tod prägen, dafür gibt es in der Bevölkerung kein nennenswertes Bewusstsein. Der durchschnittliche deutsche Fernsehkonsument macht sich nicht klar, dass der Medientod und der reale Tod nichts gemeinsam haben – denn die Bilder von Leichen bleiben immer Bilder. Nicht einmal annähernd können sie jene Wirkung auslösen, die eintritt, wenn man sich mit einem Toten im selben Raum aufhält.

Weil die meisten Menschen den Unterschied nicht kennen, glauben sie, auf die persönliche Begegnung mit dem Tod verzichten zu können.

Die Folge: Kaum jemand traut sich heute noch zu, selbst zu beurteilen, wann ein Mensch tot ist oder nicht. Seit die Beschäftigung mit Sterbenden in die Hände von Experten gelegt wurde, scheuen sich fast alle Menschen, in Notsituationen einzugreifen, aus Angst, etwas falsch zu machen.

Heute sterben achtzig Prozent der Menschen in einer Klinik. Die meisten Menschen fürchten sich davor, eine Leiche in ihrer Wohnung zu haben; das ist einer der Gründe, weshalb Todkranke häufig noch in den allerletzten Lebensstunden in ein Krankenhaus gebracht werden.

Der gesetzlich vorgeschriebene Weg ist der, dass ein Bestatter die Überführung von Toten übernimmt. An einen Transport im eigenen Pkw denkt keiner mehr, weil es nicht erlaubt ist. Doch wenn ein Kind im Krankenhaus gestorben ist, könnte es für die trauernden Eltern sehr tröstlich sein, wenn sie ihr Kind nicht in einem großen dunklen Leichenwagen transportieren müssten, sondern es im eigenen Wagen nach Hause bringen dürften. Dass nach dem Ableben in der Klinik eine Aufbahrung zu Hause stattfinden darf, das ist in der Bevölkerung überdies so gut wie unbekannt.

Äußerst selten weist ein Bestatter Hinterbliebene auf diese Möglichkeit hin, zumal das Gesetz verlangt, dass eine Leiche binnen sechsunddreißig Stunden aus dem Haus geschafft werden muss. Dabei ist es für viele Trauernde sehr hilfreich, wenn sie sich in vertrauter Umgebung in aller Ruhe von ihren Verstorbenen verabschieden können.

Vor dem Zweiten Weltkrieg war es eher die Regel als die Ausnahme, dass die Menschen in ihrer vertrauten Umgebung starben. In ländlichen Gebieten war es für die Menschen selbstverständlich, dass ihre Toten bis zum Begräbnis zu Hause blieben. Geschichtlich gesehen handelt es sich also bei der Unsichtbarkeit des Todes um eine relativ junge Entwicklung, die in Deutschland erst Anfang der Fünfzigerjahre begann.

Der Bruch mit der Tradition

Zwar kam es auch in anderen westeuropäischen Industriestaaten zu einem Wandel der traditionellen, von der Gemeinschaft getragenen Abschiedsrituale – aber die Deutschen betrieben ihn mit besonderer Gründlichkeit. Offenbar entsprachen die neuen, unterkühlten Normen einem Grundbe-

dürfnis der Nachkriegsgesellschaft, in der das Psy-
choanalytiker-Ehepaar Mitscherlich die »Unfähigkeit zu trauern« diagnostiziert hatte.

Die Trauer und Reflexion über das Geschehen
sowie die Auseinandersetzung mit der kollektiven
Verantwortung und die Frage nach einer persönlichen Schuld fanden keinen Raum. Die Gefühls-
welt wurde von unangenehmen Störungen frei ge-
halten. Der Westen des Landes wurde bald wieder
aufgebaut, und es wurde kräftig konsumiert. Nach
den Schrecken des Krieges wurde die Illusion ein
Wert an sich und damit zum entscheidenden
Merkmal der Kultur der Fünfziger- und Sechziger-
jahre. In westdeutschen Kinos wurden fast ausschließlich Filme mit Happyend gezeigt. Nach den
traumatisierenden Kriegserfahrungen hatten tro-
pische Paradiese Konjunktur.

In der DDR träumte man derweil vom »neuen
Menschen« und von absoluter Gleichheit. Eine
neu zu schaffende, gerechte Gesellschaft sollte frei
sein vom Klassen- und Besitzdenken.

Doch trotz der ideologischen Unterschiede:
Nach all den Verlusten des Krieges wurde das
Thema Tod in beiden Teilen Deutschlands glei-
chermaßen verdrängt. Ein neuer Umgang mit
Sterbenden und Toten wurde praktiziert und per-
fektioniert. So kam es zu großen Veränderungen:

einsames Sterben in Krankenhäusern, kühle Verabschiedung von den Toten, Verbannung von Trauer aus dem öffentlichen Raum.

Nach Ansicht des Erziehungswissenschaftlers und Philosophen Franco Rest, Dortmund, erreichte der »unsichtbare Tod« in den Siebzigerjahren seinen Höhepunkt. Rest, ein engagierter Aktivist der Hospizbewegung, schreibt:

> »Die Gesellschaft des ausschließlich intensiven Lebens hatte 1974 jede Symbolik des Sterbens und des Todes eingebüßt. Kaum einer verstand noch (vom »Knochenmann« abgesehen) die Semantik des Todes (Stundenglas, Sensenmann u.a.). Es war den Menschen das Verhältnis zur vergehenden Zeit abhanden gekommen. Zeit war verplant und durchstrukturiert. Deshalb war im Krankenhaus in der Nähe von Sterbenden keine Uhr, kein Kalender mehr zu finden. Deshalb befanden sich die Betten Sterbender bereits wie in der Leichenhalle in der Mitte des Raums, falls sie nicht schon aus dem Zimmer entfernt worden waren. Für die Medizin sollten die Räume, in denen gestorben wurde, nicht von den Menschen erzählen. Es gab nur beschädigte Organe, aber keine ganzheitlichen Personen.«

Doch es gibt auch eine gute Nachricht. Ein Umdenken hat eingesetzt. Wie so häufig kam auch hier mit dem Höhepunkt die Wendemarke. Aber Anfänge sind bekanntlich schwer. Der unsichtbare Tod lässt sich nicht von heute auf morgen abschaffen. Er hat die gegenwärtige Generation geprägt. Aber die Zahl der Menschen wächst, die daran arbeiten, dass eine neue Trauerkultur entsteht.

Das »Haus der menschlichen Begleitung« und die »Private Trauerakademie« sind nur Beispiele für Orte, die zum Treffpunkt geworden sind für Menschen – Ärzte, Theologen, Psychologen, Bestatter, Krankenschwestern, Polizisten, Hospizmitarbeiter –, die an der Schnittstelle zwischen Leben und Tod arbeiten. Der Dialog ist wichtig, Erfahrungsaustausch, auch Streit.

Auch hinsichtlich der Begleitung von Trauernden hat sich einiges verändert. Vielerorts werden Gesprächskreise und Seminare angeboten, die den Hinterbliebenen helfen sollen, das Leben wieder zu entdecken. Ein ganz besonderes Angebot in diesem Zusammenhang bietet »TrauDichReisen«, ein Veranstalter, der trauernde Menschen durch das Reisen wieder für die Schönheiten der Welt sensibilisieren möchte und ihnen zugleich ermöglicht, ihren schmerzlichen Gefühlen Raum und

Ausdruck zu geben. In intensiven Gesprächen, mit kreativen Übungen, durch Meditation und Trauerrituale werden Wege aufgezeigt, die Trauer zuzulassen, sie zu gestalten und Abschied zu nehmen von dem Unwiederbringlichen, damit der weitere Lebensweg leichter beschritten und bewusster fortgesetzt werden kann.

Trauer braucht einen Ort

Wenn über den Niedergang der Trauerkultur geklagt wird, wird in erster Linie der Trend zur anonymen Bestattung als Beleg angeführt. Eine anonyme Bestattung ist in der Regel eine Feuerbestattung, bei der die Urne auf einem Gemeinschaftsfeld, meist mit Rasenbewuchs, ohne Angaben persönlicher Daten, wie Name, Geburts- und Sterbetag, beigesetzt wird. Auf einigen Friedhöfen ist auch die anonyme Bestattung im Sarg möglich.

Im überwiegend katholischen Süden beträgt die namenlose Beisetzung nur fünf Prozent. Im Osten Deutschlands liegt die Rate der anonymen Bestattungen inzwischen jedoch bei dreißig Prozent aller Bestattungen.

Wer sich anonym beerdigen lassen möchte, äußert diesen Wunsch meist aus praktischen Erwägungen im Hinblick auf die Anforderungen einer mobilen Gesellschaft. Warum soll man dem Sohn und der Schwiegertochter die Grabpflege zumuten, wenn sie doch hundert Kilometer vom Friedhof entfernt leben – irgendwann vielleicht sogar tausend Kilometer?

Das sind klare, dem Nützlichen verhaftete Beweggründe. Theologen und Psychologen sehen allerdings in diesem Trend zum spurlosen Verschwinden eher den Ausdruck einer grenzenlosen Vereinsamung: Die Menschen haben Angst, vergessen zu werden. Trotzig beugen sie dem vor, nach dem Motto: »Wo kein Grab ist, kann es auch nicht vergessen werden und verwahrlosen.«

Die Zunahme dieser Bestattungsform spiegelt eine gesellschaftliche Entwicklung wider, in der das Individuum mehr und mehr verschwindet. Der Mensch wird nur noch als Code, als Nummer wahrgenommen. Der Name als Identifizierungsmerkmal findet immer weniger Beachtung und damit auch die Geschichte, die mit diesem Namen verbunden ist.

Dieser Trend zeigt sich in vielen Situationen unseres Alltags. Unternehmen wir eine Reise in ein fernes Land, wird bei der Einreise statt des Namens die Nummer des Personalausweises überprüft; bestellen wir eine Ware bei einer Firma, wird stets nach der Kundennummer gefragt, und rufen wir jemanden an, dann tönt uns immer häufiger vom Anrufbeantworter entgegen: »Hier ist 474811, wir sind leider nicht zu Hause. Bitte hinterlassen Sie eine Nachricht.«

Natürlich mag es bisweilen gute Gründe dafür geben, die anonyme Bestattung zu verfügen. Doch es sollte – etwa durch die Aufnahme des Namens in ein Totenbuch – sichergestellt werden, dass dem Namen des Verstorbenen und damit seinem Leben Erinnerung geschenkt werden kann.

»Ich habe dir einen Namen gegeben, und ich werde dich bei diesem Namen rufen...«: So heißt es in der Bibel. Wie tröstlich es ist, wenn der Name von Verstorbenen nicht verloren geht, zeigt das Vietnam Memorial in Washington, auf dem alle Amerikaner namentlich verewigt sind, die im Vietnamkrieg gefallen sind oder vermisst gingen. Viele dieser Toten liegen auf den Schlachtfeldern begraben, aber ihre Namen und damit die Erinnerung an sie blieben erhalten. Ich halte dies für sehr tröstlich in einer Zeit, in der der Einzelne immer mehr in der Masse untergeht.

Diese Erinnerungskultur sollte aber nicht den Toten der Kriege vorbehalten bleiben. Jeder Mensch, auch wenn er nur einen Wimpernschlag lebte, verändert die Welt und verdient Erinnerung.

Dieser Gedanke sollte auch in den Kommunalverwaltungen berücksichtigt werden, wenn eine Bestattung über die Behörden abgewickelt werden muss. Es ist fast Normalität geworden, dass diese Toten namenlos bestattet werden. Ein verantwortliches Gemeinwesen sollte sich jedoch dadurch auszeichnen, dass es seinen Mitgliedern auch über deren Tod hinaus Erinnerung einräumt und sie nicht dem Vergessen preisgibt.

Wenn es als Folge einer anonymen Bestattung oder einer anderen Beisetzungsform kein Grab gibt, das die Hinterbliebenen besuchen können, dann wird es für sie sehr schwierig werden zu trauern. Die Trauer muss sich auf Konkretes beziehen. Sie braucht eine Heimat, eine Stätte, an der man dem Verstorbenen nahe sein kann. Das ist umso wichtiger, wenn Angehörige den toten Körper vor der Bestattung nicht mehr gesehen haben. Wird der Tod eines Menschen nicht wirklich begriffen, kann es geschehen, dass der Tote für die Hinterbliebenen zum Vermissten wird. Und wie schwer es ist, sich von Vermissten zu verabschieden, davon erzählt die Not aller Angehörigen, deren Männer, Väter oder Brüder im Krieg als vermisst gemeldet wurden, oder der Menschen, deren Freunde, Bekannte oder Angehörige im Septembers 2001 für immer unter den Trümmern der New Yorker Twin Towers begraben wurden. Nicht im magischen, aber im psychischen Sinne lassen diese Toten die Lebenden häufig nicht mehr los.

»TrauerOasen«

Bestatter, die eine Trauerkultur in diesem Sinne befürworten, signalisieren das durch den Begriff der »TrauerOase«, der als ein Gütesiegel für ausgezeichnete Bestattungshäuser geschaffen wurde. Die so gekennzeichneten Häuser verstehen sich als Orte, an denen den Trauernden Raum und Zeit für ihre Gefühle zugestanden werden, an denen sie Verständnis, Wärme und Herzlichkeit finden. In einer »TrauerOase« muss der Betroffene seinen Schmerz nicht hinter einer mühsam vorgetäuschten Haltung verbergen. Dort werden Sterben, Tod und Trauer als natürliche Erscheinungsformen unseres Lebens betrachtet und als ein Stück Normalität in unserem Alltag erfahrbar.

Darüber hinaus soll eine »TrauerOase« den Trauernden das Gespür für die Wichtigkeit erlebter Trauer, für den Wert der Erinnerung an menschliches Sein und für die Wahrnehmung spiritueller Momente in unserem Alltag vermitteln.

Das Erkennungszeichen der »TrauerOasen« ist ein Ginkgoblatt, das Blatt eines Baumes, der es rund zweihundertsiebzig Millionen Jahre verstanden hat, allen Widrigkeiten zu trotzen – von Klimaveränderungen bis zu anderen Umwälzungen in seiner Lebenswelt. Der Ginkgo ist ein Symbol für das Leben, das Lebendige schlechthin.

Nicht selten greifen die neuen Trauerformen, zu denen in den »TrauerOasen« ermutigt wird, traditionelle Formen auf, Rituale, die früher ganz selbstverständlich praktiziert wurden: etwa den Brauch, dass die Hinterbliebenen den Sarg selbst zur Grabstätte tragen und ihn selbst in das Grab hinablassen. So wird der Tote von vertrauten Händen in die Erde gebettet. Hilfreich ist dieser Brauch aber für die Hinterbliebenen. Denn nur das, was man selbst vollzieht, kann man vielleicht irgendwann einmal begreifen, annehmen und darin einen Sinn für sich entdecken.

Mit diesem aktiven Aus-den-Händen-Geben schließt sich der Kreislauf des Lebens. Wenn wir geboren werden, empfangen uns vertraute Hände. In den Armen der Eltern erleben wir die ersten Minuten unseres Lebens. Vertraute Hände sollten uns auch aus der irdischen Lebensphase in eine wie auch immer vorstellbare neue Lebensphase geleiten.

Trauernde sollen sich aber nichts aufdrängen lassen, nur weil es im Trend liegt. Nicht jeder kann dichten, nicht jeder sieht sich in der Lage, den Sarg selbst zu bemalen, nicht jede Familie fühlt sich wohl dabei, am Grab des verstorbenen Kindes Luftballons in den Himmel aufsteigen zu lassen. Es geht ja keineswegs darum, irgendetwas Ausgefallenes zu finden, um sich von den Toten zu verabschieden, sondern um ein stimmiges Ritual. Es geht nicht darum, grundsätzlich andere Dinge zu tun, sondern darum, ein paar grundsätzliche Dinge bewusster zu tun.

So erscheint es mir beispielsweise nicht ratsam, den Passus »Von Beileidsbekundungen am Grab bitten wir abzusehen« in die Todesanzeige aufzunehmen. Wir laden doch auch nicht zu einer Geburtstags- oder Hochzeitsfeier ein und schreiben unter die Einladung: »Von Gratulationen bei der Feier bitten wir abzusehen.« Warum möchten sich so viele Menschen denn dem Trost ihrer Mitmenschen verschließen? Weil sie Angst vor Gefühlsausbrüchen haben, Angst, öffentlich zu weinen. Oder vertrauen sie vielleicht gar nicht mehr auf den Trost ihrer Mitmenschen? Das wäre eine Bankrotterklärung an unsere Gesellschaft.

Wenn wir Gefühle aus dem öffentlichen Raum verbannen, verbannen wir natürliche Reaktionen. Wir verlangen von Hinterbliebenen zu erstarren, womit wir ihnen die seelische Entlastung erschweren.

Krank durch nicht gelebte Trauer

Dass auch Trauer begleitende Maßnahmen erforderlich machen kann, die Geld kosten, darüber wird in Deutschland äußerst selten nachgedacht. Die Betroffenen selbst kommen nicht auf die Idee, für professionelle Hilfe zu zahlen. Allgemein gilt: Für Trauer wird kein Geld ausgegeben. Bei den Krankenkassen und Kliniken fehlt das Bewusstsein, dass Trauerbegleitung Gesundheitskosten einsparen könnte. Aber der Umgang mit Trauernden ist ein großer Teil meines Berufsalltags, und der Bedarf nach Hilfe ist bei ihnen eindeutig vorhanden.

Ein Beispiel: Eine Frau erstarrt, sie kann sich nicht mehr bewegen, und sie hat Angst zu ersticken. Die Attacke befällt sie aus heiterem Himmel. Der Notarzt begleitet sie ins Krankenhaus.

Dort lautet der Untersuchungsbefund: organisch gesund. Die Starre löst sich, doch der Vorgang wiederholt sich. Erst nach dem dritten Mal erteilen die Klinikärzte der Frau den Rat, einen Psychologen aufzusuchen. Da diese Frau vier Monate zuvor ihre Mutter begraben hatte, kam ihr Ehemann auf die Idee, sich mit mir in Verbindung zu setzen.

Aus meinem Gespräch mit der Frau ergab sich folgendes Bild: Ihrer Meinung nach hatte sie den Verlust der Mutter verblüffend gut verkraftet, ohne sich schmerzhaften Gefühlen ausgeliefert zu fühlen. Die Mutter war eben nicht mehr da. Nichts, aber auch gar nichts hatte sich seit dem Tod im Leben der Tochter verändert.

Gelebte Trauer geht stets einher mit Bewegung; hier aber war Stillstand. Schließlich erfuhr ich, dass das Ehepaar vor kurzem einen Vertrag zum Kauf einer Wohnung unterschrieben hatte. Mit dem Kauf der neuen Wohnung wurde der Verkauf der mütterlichen Wohnung geplant. Es wurde klar, dass der Hausstand der Verstorbenen nun aufgelöst werden musste, eine Maßnahme, über die man vorher nie gesprochen hatte. Die erste Attacke war am Morgen nach diesem Beschluss aufgetreten. Der Körper der Frau hatte auf die zu erwartende Veränderung mit Starre reagiert. Darunter lag unbewusst die große Angst, der Schmerz und die Trauer würden sie nun doch einholen. Anstatt bewegende Gefühle zuzulassen, wurde der Körper bewegungsunfähig.

Diese Geschichte verdeutlicht, was geschehen kann, wenn der Trauerprozess *nicht* in Gang kommt. Die Frau wurde krank.

Trauer hingegen ist keine Krankheit. Sie heilt. In unserer Gesellschaft könnten Milliarden eingespart oder einer sinnvollen Verwendung zugeführt werden, wenn dem Sterben, dem Tod und der Trauer wieder eine natürliche Stellung in der Alltagserfahrung eingeräumt würde. Die Krankenkassen sollten schnellstens auch Trauerseminare in ihre Aufgabenkataloge aufnehmen und ihren Klienten die Kosten für Trauerreisen oder Kuren in der Trauerzeit erstatten. Derartige Ausgaben stehen nämlich in keiner Relation zu den horrenden Behandlungskosten nicht verarbeiteter Trauer.

Ebenso fordere ich die Personalverantwortlichen in Unternehmen auf, ihre Mitarbeiter, die einen Todesfall in ihrer Familie erleiden, nicht auf Motivationsseminare für bessere Leistung zu schicken, sondern ihnen die Gelegenheit zu gewähren, in Trauerseminaren über ihren Verlust nachzudenken und sich von ihren Toten zu ver abschieden. Denn auch Trauer schränkt die Leistungsfähigkeit eines Menschen ein.

Trauer braucht Ausdruck, braucht eine Heimat. Sagen wir den Hinterbliebenen wieder: Traut euch zu trauern! Traut euch zu trauern in der Familie, traut euch zu trauern am Arbeitsplatz, auf der Straße. Traut anderen eure Tränen zu!

In einem lebendigen Umgang mit dem Tod sehe ich – genauso wie Jürgen Fliege – eine Chance zur Erneuerung von Spiritualität, Ethik und Gemeinsinn. Würde die Kirche als Gemeinschaft funktionieren, würden die Menschen echte Nachbarschaftshilfe leisten und die Familien tatsächlich Geborgenheit schenken – dann könnten die Bestattungshäuser in Deutschland vielleicht sogar geschlossen werden.

JÜRGEN FLIEGE / FRITZ ROTH

Dem Tod bewusst begegnen

Die nachfolgenden Gedanken und praktischen Tipps sollen dazu anregen, die persönliche Einstellung zu Sterben, Tod und Trauer zu überdenken, und ermutigen dazu, eigene Ausdrucksformen der Trauer zu finden. Sie können aber auch dazu beitragen – wenn sie von vielen Menschen beachtet werden –, dass wir zu einer lebendigen Gesellschaft zurückkehren. Es geht dabei um eine Gesellschaft, die bereit ist, die Herausforderungen der Zeit anzunehmen, Verantwortung für Gegenwart und Zukunft zu übernehmen – vor allem aber die Freude am Leben, an den Menschen und an der Welt zu fördern.

Die Bedeutung des Abschieds

Menschen brauchen begreifbare Abschiede. Dazu gehört die letzte Begegnung mit dem Verstorbenen. Abschiede sind etwas Kostbares. Sie geben Kraft für die schwere Zeit der Trauer. Allerdings ist es kaum noch jemand gewöhnt, sich von aufgebahrten Angehörigen zu verabschieden. Am einfachsten geht das, wenn ein erfahrener Verwandter, Freund, Pfarrer oder Trauerbegleiter den Hinterbliebenen an die Hand nimmt und ihm vermittelt: Fürchte dich nicht! Du bist nicht allein!

Trauer braucht Gemeinschaft und Nähe, Miteinander und vor allem »Mit-Menschen«.

Wenn wir alleine in einem dunklen, unbekannten Walde sind, ist ein jeder von uns ängstlich. Doch wenn wir zu mehreren sind, ist die Situation weniger bedrohlich. Dann entwickeln wir Phantasien, die uns Lichter sehen lassen, auch wenn keine da sind. Heinrich Böll sagte einmal ermutigend: »Auch unsere Phantasie ist Realität.«

Besonders in der Trauer brauchen wir Menschen, die Phantasie haben und träumen können. Wenn wir in einer Gemeinschaft derartigen Phantasien Raum geben, entdecken wir Lichter, die oft viel heller als tausend Sonnen sind. Dies ist umso nötiger, als die meisten Orte für Tote kalt sind: Leichenhallen, Abstellräume, Keller. Kalte Orte wirken abschreckend. Sie laden nicht ein zu einem intensiven Abschied. Die Menschen brauchen aber für diese allerletzte Begegnung eine Umgebung, die sie wärmt und nicht abschreckt. Wir sollten unsere Toten deshalb wieder in Lebensräumen ansiedeln. Wo es kalt ist, kann nichts wachsen. Im Winter erstarrt die Natur in der Kälte von Schnee und Eis. Doch sobald die Sonne den Boden erwärmt und die Nässe des Wassers ihn tränkt, durchbricht das Leben die Starre und wandelt die Kargheit in neues Leben. Auch wir brauchen für unsere Entwicklung Licht, Wasser in Form von Tränen und Wärme. Die Natur lebt es uns vor, und wir sollten ihr vertrauen und folgen. Immer mehr Bestattungshäuser und Kliniken öffnen sich diesen Gedanken und haben deshalb ansprechend gestaltete Abschiedsräume eingerichtet. Bevorzugen Sie diese Einrichtungen, und geben Sie gute Erfahrungen an trauernde Freunde, Bekannte und Angehörige weiter.

Der beste Ort für den Abschied ist in der Regel das Zuhause des Toten. Es bietet den Angehörigen eine vertraute Umgebung und den Verwandten und Freunden ausreichend Zeit für einen letzten Besuch.

Angehörige haben ein Recht – ein Menschenrecht –, einen Verstorbenen vom Krankenhaus zurück in die Wohnung bringen zu lassen. Aber die meisten Menschen kennen dieses Grundrecht nicht oder bestehen deshalb nicht darauf, weil sie sich vor einem Toten in ihrer Wohnung fürchten. Eine gute Trauerbegleitung könnte ihnen helfen, die Angst zu überwinden.

Der Anblick von Toten hat in der Regel nichts Abschreckendes. Im Gegenteil: In den meisten Gesichtern liegt ein tiefer Frieden, so, als hätten die Toten eine andere Wirklichkeit gesehen, die für die Lebenden noch nicht greifbar ist. Jeder Tote hilft, die eigene Lebendigkeit neu zu entdecken und zu bewerten. Er vermittelt den Überlebenden auf einfache, aber sehr eindringliche Weise, was es bedeutet, »tot oder lebendig« zu sein.

Der tote Patient sollte das Krankenhaus auch wieder durch das Hauptportal verlassen können, durch das er es als Kranker betreten hat, und nicht unbemerkt durch den Hintereingang verschwinden müssen. Auf diese Weise könnte der Gedanke wieder in unser Bewusstsein gehoben werden, dass ein Hospital nicht allen Kranken Heilung bringen kann, weil dem Leben trotz des medizinischen Fortschritts Grenzen gesetzt sind. Es zeichnet ein menschliches Krankenhaus aus, dass es sich dieser Grenzen bewusst ist, dass es diese Grenzen respektiert und von einer menschenunwürdigen Überschreitung absieht. Ein Hospital mit einer solchen Philosophie kann zu einer Heimat für den leidenden Patienten werden, ein Ort, an dem er auch in Würde sterben kann.

Die Begegnung mit Sterbenden und Toten bedeutet für viele Menschen eine spirituelle Erfahrung, die für sie die tröstende Botschaft enthält: Wir Menschen leben auf einer anderen Ebene weiter. Ja, wir Lebenden haben einen neuen, spirituellen Beschützer aus der ewigen Familie des Lebens. Es sind die guten Mächte, die Dietrich Bonhoeffer meinte, als er kurz vor seiner Hinrichtung schrieb:

> »Von guten Mächten wunderbar geborgen,
> erwarten wir getrost, was kommen mag.
> Gott – *und wir dürfen im Augenblick des Todes ergänzen: und der Mensch, den ich nun auf Erden vermisse –*
> ist mit mir am Abend und am Morgen
> und ganz gewiss an jedem neuen Tag.«

In den meisten Fällen hat das im Tode ruhende Gesicht auch die Kraft, das Wort »Wiedersehen« in seiner ganzen Tiefe erfahrbar zu machen. Zum einen vermittelt es dem Hinterbliebenen den Eindruck, dass der Verstorbene »etwas wieder gesehen« hat, eine Spiritualität erfahren hat, für die wir Menschen in unserem irdischen Leben häufig »blind« geworden sind. Gleichzeitig kann diese Wahrnehmung aus dem Hoffen auf ein »Wiedersehen« eine   tröstliche Gewissheit werden lassen.

Bei einem intensiven Abschied von einem Toten machen viele Menschen die zentrale Erfahrung: Das, was ich da sehe, ist nur das Vergängliche, es ist seine Hülle. Was dagegen seine Lebendigkeit ausgemacht hat, das ist jetzt woanders.

Wer diese Erfahrung gemacht hat, fühlt sich getröstet, und er ist eher bereit, den Leichnam ins Grab zu geben.

Durch die Begegnung mit einem Toten können sich Einstellungen ändern. Als Beispiel mag die Antwort eines Jugendlichen dienen, der auf die Frage »Was kommt nach dem Tod?« stets antwortete: »Nichts. Die Diskette wird gelöscht.« Nachdem er seine aufgebahrte Großmutter gesehen hatte, konnte er diesen Satz nicht mehr aufrechterhalten.

Unsere Toten sind die eigentlichen Lehrmeister des Lebens, denn sie mahnen uns auf natürliche Weise, wirksamer als alle Philosophen, die wichtigen Dinge von den unwichtigen Dingen des Lebens zu unterscheiden.

Wenn man den Verstorbenen gar nicht mehr zu Gesicht bekommen hat, dann schleichen sich später möglicherweise Gedanken ein wie: »Vielleicht lebt er ja noch ...«

Solche Vorstellungen, obwohl rational nicht nachvollziehbar, sind relativ weit verbreitet. Sie können sehr belastend und sehr hartnäckig sein. Sie verhindern, dass die Menschen ihren Verlust verarbeiten und einen neuen Lebensabschnitt beginnen können.

Alle Gefühle, auch die negativen und die widersprüchlichen, können Teil des Abschieds sein. Enttäuschung und Wut gehören dazu: etwa, weil man von einem Menschen, der einem nahe stand, nicht das bekommen hat, wonach man sich immer sehnte. Mit dem Tod ist nun auch der letzte Rest von Hoffnung gestorben, vielleicht doch noch die gewünschte Anerkennung, Zuneigung oder Dankbarkeit zu erhalten. Deshalb ist es in der Trauer nicht nur erlaubt zu weinen; auch Fluchen und Schreien dürfen Ausdruck unserer Gefühle sein.

Beim Abschied zieht der Hinterbliebene Bilanz: Was haben wir gemeinsam erlebt? Was war das Wertvolle unserer Beziehung? Was war unerträglich? Womit muss ich mich abfinden? – Antworten auf diese Frage helfen, einen Schlusspunkt zu setzen. Abschiednehmen heißt, Frieden mit dem Toten zu machen, vor allen Dingen aber den Frieden mit sich selbst.

Zunehmend entdecken Angehörige das Bedürfnis, die letzte Begegnung mit ihren Toten wie eine kleine Feier zu gestalten. Sie laden Verwandte und Freunde ein. Sie bringen Essen und Getränke mit, auch die Fotos eines gemeinsamen Lebens und die Lieblingsmusik des Verstorbenen. Es werden Briefe oder Gedichte vorgelesen, und es wird gesungen. Es sind bei aller Trauer auch schöne Stunden, die unter den Anwesenden eine besondere Art der Nähe schaffen. Dadurch fühlen sie sich auch später enger verbunden.

In der Zeit zwischen Tod und Begräbnis tut es gut, die persönlichen Gefühle in der Beziehung zum Toten auszudrücken: Den Sarg selbst zu bemalen, die Urne zu töpfern, Bilder zu malen, zu dichten, dem Verstorbenen Briefe zu schreiben – all das kann dem Hinterbliebenen helfen, den Abschied zu vollziehen. Wie die Liebe besitzt auch die Trauer ein Potenzial zur Kreativität. Wie ich die Welt als Liebender in anderen Farben sehe, so verleiht mir auch die Trauer eine veränderte Wahrnehmung. Trauernde sehen die Welt in einem anderen Licht. Die Tränen helfen dabei, dass dieses neue Sehvermögen nicht versiegt und ich nicht erblinde.

Dann kann das letzte gemeinsame Zusammensein mit dem Verstorbenen zu einer Trauerfeier im wahrsten Sinne des Wortes werden: Trauern heißt, Gefühle zu zeigen für den Menschen, mit dem man so viel erlebt hat und der mein Leben mit gestaltet hat. Und es gilt auch zu feiern, dass dieser Mensch mein Leben und die Welt bereichert hat. Leider laufen die meisten Trauerfeiern nach festen Zeiten und Normen ab und entlassen die Betroffenen oft trauriger, als sie gekommen sind. Doch wenn die Hinterbliebenen die Gestaltung der Trauerfeier selbst in die Hand nehmen oder sie eng mit dem Pfarrer abstimmen, sodass in den kirchlichen Rahmen persönliche Elemente eingefügt sind, kann sie als eine der letzten Liebesdienste für den Verstorbenen Trost spenden und zur seelischen Entlastung beitragen.

Der genormte, unpersönliche Abschied stellt ein äußerliches, sinnentleertes Ritual dar und ist allenfalls nützlich, um die Erwartungen einer Trauergemeinde zu erfüllen. Die Hinterbliebenen kommen dabei meistens zu kurz. Wichtig ist, dass der Tote würdig und seinem Leben entsprechend verabschiedet und nicht vorschriftsmäßig »entsorgt« wird.

Seit Beginn der Menschheit sind mit den Toten Gegenstände ins Grab gelegt worden, um den Verstorbenen das Leben im Jenseits zu erleichtern. Das Christentum hat mit diesem Brauch gebrochen. Heute entdecken wir dieses alte Ritual wieder. Als Zeichen der Liebe und des Gedenkens werden persönliche Andenken, wie Haarlocken, Fotos, Briefe, Schmuck, Fingerabdrücke, Kuscheltiere und vieles mehr, in den Sarg gelegt. All dies sind gleichzeitig Zeugnisse unserer Kultur. Jeder Tote ist somit ein Grundstein, ja ein Zeugnis seiner Zeit.

Viele Eltern meinen, es sei besser, wenn ihre Kinder den Großvater oder die Großmutter so in Erinnerung behalten, wie er oder sie immer mit ihnen gespielt hat. Sie wollen den jungen Menschen den Anblick eines Toten ersparen, um sie vor bösen Träumen oder vor einem Schock zu schützen. Doch diese Gefahren bestehen in der Regel nicht. Kinder begreifen vom Tod stets so viel, wie ihr Alter es zulässt. Sie verstehen nur so viel, wie sie verkraften können. Auf der anderen Seite muten wir unseren Kindern jeden Tag unkontrolliert die Begegnung mit dem Tod in den Medien oder in Computerspielen zu. Derartige virtuelle Begegnungen übertreffen den realen Tod an Brutalität um Längen.

Nichts ist für Kinder schlimmer als *kein* Abschied. Dann kann sich ein Trauma aufbauen, weil das Kind sich plötzlich verlassen, im Stich gelassen fühlt. Wir dürfen unseren Kindern den Tod und die vertrauten Toten nicht vorenthalten, weil wir Erwachsenen selbst unfähig sind, uns mit diesen Themen auseinander zu setzen, oder weil wir fälschlicherweise meinen, unsere Kinder schützen zu müssen. Eltern sollten auch in diesen Lebenssituationen Vorbildfunktionen übernehmen.

Vom Umgang mit den Toten

Für Menschen, die tagtäglich mit Leichen zu tun haben, ist die Ehrfurcht vor dem Toten häufig nichts als eine Tünche, die gerade so lange hält, wie die Angehörigen das Geschehen kontrollieren.

Solange die Pflege des Totenkults ausschließlich Experten überlassen bleibt, muss es nicht verwundern, wenn das angemessene Gefühl auf der Strecke bleibt. Sie erledigen nur das, was die Gesellschaft an sie delegiert hat.

Wer tagtäglich Leichen transportiert, steht auf der sozialen Leiter ziemlich weit unten. Sensible und differenziert denkende Persönlichkeiten wird man in einem tabuisierten Schattenreich selten finden. Es gibt für Angehörige nur einen Weg, um sicherzustellen, dass der Tote gut behandelt wird: Sie müssen die Aufgaben selbst in die Hand nehmen, was bedeutet, dass der Verstorbene bis zum Begräbnistag begleitet wird und eventuell zu Hause bleibt.

Das Gesetz schreibt vor, dass eine Leiche nach sechsunddreißig Stunden aus dem Haus geschafft werden muss. Doch ist kein Fall bekannt, dass jemand bestraft wurde, weil er seinen Toten bis zur Beerdigung zu Hause behielt. Diese restriktive Vorschrift entstand aus Angst vor Leichengift und beruht auf uralten Hygienevorschriften, die längst von der Wissenschaft widerlegt wurden. Tote Körper sind weder giftig noch ansteckend, sofern der Tote nicht an einer schweren Infektionskrankheit verstarb.

Doch das Märchen vom Leichengift hält sich in unserer Gesellschaft auf hartnäckige Weise. Er dient als Vorwand für den Abstand zwischen den Toten und den Lebenden, und er begünstigt eine Entsorgungsmentalität: Opa ist tot; er muss sofort aus dem Haus geschafft werden.

Die Gesichter der Toten können sich noch verändern. Sind ihre Züge anfangs von der Anstrengung des Sterbens gezeichnet, so kann es sein, dass sie nach ein, zwei Tagen »zur Ruhe« gekommen sind. Nun geschieht es aber immer wieder, dass Hinterbliebene, die einen toten Angehörigen in der Pathologie identifizieren mussten, das Schreckensbild eines verzerrten Gesichts noch lange mit sich herumtragen. Ihnen hätte es wahrscheinlich gut getan, jemand hätte sie zwei Tage später an die Hand genommen und ihnen gezeigt, dass sich in dem Gesicht des Toten Frieden ausgebreitet hat. Auf diese Weise wäre das erste Schreckensbild in den Hintergrund getreten.

Kosmetik an der Leiche war noch nie ein Tabu. Doch sind die Methoden, Tote zu konservieren, in der heutigen Zeit noch einmal perfektioniert worden. Sie finden ihren Niederschlag in den Arbeiten der »Thanatopraktiker« oder »Einbalsamierer«.

Nach deren Philosophie soll kein Angehöriger vor einer Leiche zurückschrecken müssen. Um den Verwesungsprozess zu stoppen, wird dem Körper alle Flüssigkeit entnommen und durch eine Formalinlösung ersetzt. So sollen die Verstorbenen »ansehnlicher« gemacht werden. Das ist überhaupt nicht nötig. Nur in zwei von hundert Fällen ist der Anblick einer Leiche nicht zumutbar.

Durch diese konservatorische Maßnahme besteht überdies die Gefahr, dass eine hergerichtete Leiche auf den ersten Blick lebendiger wirkt als ein Krebskranker. Durch kosmetische Maßnahmen entsteht eine Scheinlebendigkeit, die im ersten Moment den Anblick des Toten erleichtern mag. Aber letztlich sind solche Maßnahmen trauerfeindlich. Denn sie verhindern das Wesentliche: die Begegnung mit der Realität des Todes. Vor Totenflecken muss man nicht davonlaufen. Sie sind nichts Schlimmes. Schließlich fällt man auch nicht angesichts eines Blutergusses in Ohnmacht.

Warum eigentlich sollen Tote ein langes Hemd tragen, von dem jeder weiß, dass es am Rücken offen ist wie ein Operationskittel? Warum die Totenhemden nicht einfach streichen, wie es vielerorts schon üblich geworden ist? Die Hinterbliebenen sollten in den Kleiderschrank des Verstorbenen schauen und sich überlegen, was sie ihm anziehen könnten, wenn sie ihn zu Grabe tragen. In welcher Garderobe hat er sich am wohlsten gefühlt?

Mit dem Öffnen des Kleiderschranks ist auch ein Anfang für den bewussten Abschied gemacht. Ein erster großer Schritt ist getan. Die oder der Trauernde hat die Kleidung berührt, hat den vertrauten Duft eingeatmet und hat sich mit den Sachen befasst, die der geliebte Mensch am Körper getragen hat. Damit kann sich der erste Schock lösen. Es ist wieder eine intime Verbindung zu dem Toten entstanden, Erinnerungen an die gemeinsam gelebte Zeit steigen auf. So fängt Trauerarbeit an. Danach gewinnt der Betroffene vielleicht auch die Kraft, den Toten selber anzukleiden und den Sarg am Vorabend der Beerdigung selbst zu schließen. Diese Rituale helfen noch einmal zu verstehen, dass ich das Vergängliche weggeben kann, dem Unvergänglichen aber einen besonderen Platz in meinem Herzen und in meiner Erinnerung eröffnet habe.

Hinter einer pompösen Beerdigung steckt häufig der Wunsch, sich von ungelösten Problemen in der Beziehung zu dem Verstorbenen freizukaufen. Aber das funktioniert nicht. Im Gegenteil, Schuldgefühle dem Toten gegenüber werden dadurch nicht beseitigt, sondern allenfalls gesteigert. Und danach gesellen sich zur Schuld womöglich noch die Schulden. Der Tote soll eine Trauerfeier bekommen, die seinem Lebensstil entsprach. Nicht mehr und nicht weniger.

Einem Toten kann man materiell nichts Gutes mehr tun. Man sollte aber alles tun, um Raum und Gelegenheit für die Erinnerung an ihn zu schaffen. Zukunft braucht Erinnerung. Dies gilt besonders für die Hinterbliebenen, auf die nach dem Tode eines Angehörigen oft große Herausforderungen warten. Nicht selten müssen sie ihr Leben ganz neu gestalten und eigene Wege ohne einen langjährigen Partner finden. Erinnerungen können Kraft dazu verleihen.

Vom Umgang mit Trauernden

Zum Thema Trauer herrschen in der Bevölkerung sehr rigide Ansichten. Die meisten Menschen glauben, dass es hilfreich für die Angehörigen sei, den Toten so früh wie möglich nicht mehr zu erwähnen. Oft wird der Verstorbene nur wenige Tage nach der Bestattung im wahrsten Sinne des Wortes totgeschwiegen. Es herrscht die Ansicht, der Name dürfe nicht mehr fallen – alles andere sei zu belastend für die Trauernden. Das ist aber in den meisten Fällen ein großer Irrtum. Über den Verstorbenen zu sprechen kann sehr entlastend und tröstlich für die Hinterbliebenen sein. Wenn man ihnen diese Möglichkeit nicht zugesteht, so geschieht das nicht selten aus Unsicherheit. Man weiß nicht, wie man mit den Emotionen umgehen soll. Aber Trauernde brauchen mitunter nur einen geduldigen Zuhörer.

Seit die Trauer um einen Verstorbenen nicht mehr wie früher von einer größeren Gemeinschaft getragen wird, seit sie nur noch eine Familienangelegenheit ist und sich immer mehr zur Angelegenheit eines Singles entwickelt, ist sie ins Verborgene abgedrängt worden. Damit schwindet aber auch das Wissen darüber, was ein Trauernder empfindet und wie man ihn unterstützen kann. Was brauchen Trauernde? Kurz gesagt: Schutz, Nähe, Gemeinschaft und Miteinander.

Trauernde sollten von einem guten Freund, einem Verwandten oder, wenn das nicht möglich ist, von einem professionellen Helfer begleitet werden. Der Trauernde erwartet nicht viele Worte, aber er braucht Verständnis und die Erlaubnis, seine Gefühle zu zeigen.

Oft existieren völlig unrealistische Vorstellungen darüber, in welchem Zeitraum der Verlust eines Menschen zu verarbeiten ist. Ein Vater, dessen Kind bei der Geburt starb, hörte schon nach wenigen Wochen von seinen Arbeitskollegen: »Nun lass dich doch nicht so hängen! Lach mal wieder!«

Es wird selten bedacht, dass ein Todesfall in der Familie – genau wie die Geburt eines Kindes – immer einen Wendepunkt darstellt. Mit dem Verschwinden der Trauerkleidung scheint im allgemeinen Bewusstsein auch das Trauerjahr verloren gegangen zu sein. Wir müssen uns erst wieder klar machen, dass sich Trauer über Jahre erstrecken kann und dass daran nichts Krankhaftes ist.

Trauernde empfinden wie Liebende einen Tag ohne den Geliebten wie hundert Jahre, und hundert Jahre gemeinsam gelebtes Leben wie eine Stunde. Die Trauer ist zeitlos, denn »die Liebe höret nimmer auf«.

Wenn wir in ferne Länder reisen, brauchen wir, wenn wir mit dem schnellen Flugzeug reisen, eine Zeit des Eingewöhnens. Bis wir uns dem neuen Lebensrhythmus angepasst haben, leiden wir am so genannten Jetlag. Genauso gibt es nach einem schweren Verlust den »Trauer-lag«, eine Zeit, in der wir nur langsam begreifen, was geschehen ist. Mit dem Kopf wissen wir, dass wir sterblich sind oder ein geliebter Mensch tot ist. Doch um dies auch mit dem Herzen zu begreifen, brauchen wir viel, viel Zeit und vor allem Erfahrungs- und Ausdrucksmöglichkeiten.

Trauernde wollen begleitet und nicht bevormundet werden. Doch die Trauer gilt in unserer Gesellschaft zunehmend als Krankheit und nicht mehr als ein natürlicher Prozess, der den Menschen hilft, sich in einer überaus schwierigen Lebenssituation zurechtzufinden. Deshalb ist die Ungeduld derer, die Trauernde mit Ratschlägen wie »Sei doch endlich wieder der Alte!« überschütten, durchaus zu verstehen. Um Kranke macht man sich Sorgen. Sie sollen möglichst schnell wieder gesund werden. Ein heilloses Missverständnis. Eine eigene Krisenkompetenz wird bei Hinterbliebenen erst gar nicht vermutet. Stattdessen betrachtet man sie als hilflose Opfer und sich selbst als hilflosen Helfer. Das eigene Unvermögen, Beistand zu spenden, ist der Grund, warum sich die meisten Menschen nach ein paar Wochen von Trauernden zurückziehen.

Ein Wort, das sich an unsere Psychotherapeuten richtet: Im Unterschied zu anderen Ländern hält sich in Deutschland eine alte Vorstellung, die noch auf einer Freud'schen Annahme beruht. Danach müssen Angehörige lernen, ihre Toten loszulassen. Und das ist es, was viele Trauernde als Einziges zu hören bekommen: »Sie müssen Ihre Frau loslassen.« Oder: »Sie müssen Ihr Kind loslassen.« Damit hilft man Trauernden jedoch nicht. Diese Forderungen dienen nur dem Therapeuten, der auf diese Weise beunruhigende Gefühle von sich fern halten kann.

In den vergangenen zwanzig Jahren hat der amerikanische Sozialwissenschaftler Dennis Klass vor allem die Trauer von Eltern erforscht, die ein Kind verloren haben. Und er gelangte zu dem Ergebnis: Sigmund Freud hat sich folgenschwer geirrt. Zwar beendet der Tod das Leben, er beendet aber nicht die Beziehung. Die Beziehung zu dem Verstorbenen wird noch lange Zeit aufrechterhalten, vielleicht ein ganzes Leben lang.

Oft verstehen Trauernde »loslassen« als »vergessen«. Das Therapieziel darf nicht ein »Loslassen« in dieser Bedeutung sein, es muss vielmehr darum gehen, dass der Trauernde die Beziehung zu dem Menschen, den er verloren hat, neu gestaltet. Bei dieser Neugestaltung muss alles aufgegeben werden, was einer Neuorientierung für den eigenen Lebensweg hinderlich ist, etwa das sich zu Lebzeiten gegebene Versprechen: »Wir wollen gemeinsam alt werden!«

Jeder Mensch trauert anders. Jedes Familienmitglied wird anders mit dem Verlust von Oma, Opa, Vater, Mutter, Ehepartner, Kind, Schwester, Bruder umgehen. Häufig geschieht es in Familien, dass jeder dem anderen vorwirft, er traure »zu viel« oder »zu wenig«, auf jeden Fall »nicht richtig«. Umso wichtiger ist in einem Trauerfall der Beistand von Freunden.

Wer sich noch nie mit Fragen von Tod und Trauer auseinander gesetzt hat, der wird im Ernstfall kaum wissen, welche Form des Abschieds für ihn stimmig ist. Er braucht also Zeit und Raum für neue Gedanken, um zu einer Entscheidung zu finden. Ein guter Bestatter wird dem Hinterbliebenen dabei zur Seite stehen, dessen innere Bedürfnisse wahrnehmen und ihn auch in ungewohnten Wünschen bestärken. Auch bei der Wahl des Trauerrituals ist der Beistand eines Freundes wichtig. Er kann den Trauernden zum Gespräch ins Bestattungshaus begleiten und dort dessen Interessen durchsetzen. Denn die Zeit zwischen Tod und Beerdigung ist für Angehörige nicht die Zeit, in der sie Kämpfe austragen können.

Der unbefangene Umgang mit dem Tod und die unkomplizierte, unaufdringliche Hilfe für Trauernde kann Gemeinschaft stiften und bestehende Beziehungen vertiefen. Wenn der ganze Bekanntenkreis aktiv am Trauerzeremoniell mitwirkt, ist es sehr wahrscheinlich, dass aus flüchtigen Bekanntschaften Freundschaften erwachsen. Sogar so etwas wie freiwillige Verwandtschaft kann entstehen – besonders wichtig für Menschen, die ohne Familie sind. Aber auch für Familien gilt, dass man im Trauerfall gar nicht genug Freunde haben kann. Es müssen nur die richtigen sein und nicht solche, die fordern: »Sei doch endlich wieder fröhlich.«

Das Angebot »Ruf mich an, wenn du etwas brauchst« ist sicher ernst gemeint, aber es reicht nicht aus. Trauernde sind selten fähig, von sich aus Kontakt herzustellen, und ihre Signale erscheinen oft widersprüchlich: Vom Schmerz überwältigt, ziehen sie sich zurück und brauchen dennoch das Aufgehobensein in der Gemeinschaft. Sie sind angewiesen auf Freunde, die sich beharrlich, aber einfühlsam immer wieder bei ihnen melden und es auch ertragen können, wenn ihre Angebote zurückgewiesen werden.

Trauernde sollten aber auch von sich aus deutliche Signale setzen, dass sie Hilfe benötigen. Ihnen muss selber bewusst sein, wie wichtig und wertvoll eine Begleitung ist. Diese Hilfe sollten sie auch annehmen.

Bei allem ist aber auch zu beachten, dass ein Todesfall dem Trauernden in vielen Fällen sehr deutlich zu erkennen gibt, wie wenig er sich selber in guten Zeiten um Freundschaften bemüht hat, die er nun vielleicht schmerzlich vermisst.

Da die Familien kleiner werden und die einzelnen Mitglieder häufig weit voneinander entfernt leben, gewinnen Freundschaften heute grundsätzlich an Bedeutung. Freunde stehen zunehmend vor Aufgaben, die früher innerhalb der Familien verteilt wurden. Umso wichtiger ist es, dass man nicht nur einen einzigen Freund hat, denn dieser alleinige Helfer ist, wenn der Ernstfall – der Trauerfall – eintritt, mit seinen Kräften schnell am Ende.

Wer Trauernden helfen möchte, die er nur flüchtig kennt, z.B. in der Nachbarschaft, sollte versuchen, die Vorgeschichte zu erfahren. Es ist wichtig, über zusätzlich belastende Faktoren informiert zu sein: War es ein erwarteter oder ein plötzlicher Tod? Wie ist die Nachricht übermittelt worden? Konnte der Angehörige den Sterbenden begleiten? War die Kripo eingeschaltet? Wann und unter welchen

Umständen haben die Angehörigen den Toten erstmals zu Gesicht bekommen?

Auch bei Beerdigungen müsste es heißen: Keine Macht den Drogen! Wer darauf drängt, Hinterbliebenen Beruhigungsmittel zu verabreichen – ohne dass diese von selbst auf die Idee gekommen sind –, weiß nichts vom Wert klarer Gefühle, auch wenn sie noch so schmerzhaft sind. Wer Pillen gegen Trauer austeilen möchte, dem erscheint womöglich das Leid anderer als zu große Belastung. Aber: Je mehr Betroffene selbst tätig werden und selbst gestalten können, umso besser werden sie das Geschehene begreifen. So kann es etwa hilfreich sein, wenn die Angehörigen das Grab selbst mit Erde zuschaufeln, eine Arbeit, bei der sie das »Beerdigen« im wahrsten Sinne des Wortes erfahren. Die Verantwortlichen auf den Friedhöfen sollten sich solchen Wünschen nicht verschließen, auch wenn die Friedhofssatzung dem häufig noch entgegensteht.

Wenn ein Kind stirbt

Mit zunehmender Säkularisierung gibt es immer weniger Totenmessen oder Gedächtnisfeiern zum

Gedenken an einen Verstorbenen. Es verschwinden die Anlässe, sich in Gemeinschaft der Toten zu erinnern. Dabei kann es sehr hilfreich sein, sich zum Beispiel an Geburtstagen, Hochzeitstagen, aber vor allem an Todestagen in vertrauter Runde mit Angehörigen oder Freunden zusammenzusetzen und noch einmal darüber nachzudenken, wie man sich selber in der zurückliegenden Zeit entwickelt hat oder wie präsent der Verstorbene noch in der Erinnerung ist. Jahrgedächtnisse, in denen im Rahmen eines Gottesdienstes oder einer Messfeier lediglich der Name des Verstorbenen im Verbund vieler Namen erwähnt wird, sollten der Vergangenheit angehören. Um das Vergessen verhindern zu wollen, müssen wir dem Erinnern Lebendigkeit zugestehen.

Das Schweigen über einen Toten ist die gängige Praxis, und sie ist für die meisten Angehörigen nur schwer zu ertragen – erst recht, wenn sie ein Kind verloren haben. Mütter und Väter haben dann nicht nur diesen Verlust zu verkraften, sondern auch noch eine Umwelt, die sich so verhält, als habe ihr Kind nie existiert. Ein argloses Ereignis aus der Vergangenheit, bei dem ihr verstorbenes Kind eine Rolle spielte, zu erwähnen, kommt mitunter einem Tabubruch gleich und erntet nicht selten Verstörung. Häufig führen die Gesprächspart-

ner einen Themenwechsel herbei. Trauernde Eltern müssen deshalb nicht nur große Anstren-
gungen auf sich nehmen, damit ihr Kind nicht
vergessen wird, sie verlieren auch häufig die
Unbefangenheit im Umgang mit ihren Mitmenschen.

Einige wenige Eltern wehren sich gegen das Vergessen, indem sie auf die Frage »Wie viele Kinder
haben Sie?« wie selbstverständlich auch das verstorbene Kind aufzählen. Eine solche Haltung ist
jedoch noch so unüblich, dass sie bei fast allen
Menschen Überraschung oder Verlegenheit auslöst: Auf eine harmlose Frage werden sie mit dem
Tod eines Kindes konfrontiert. Für die Eltern aber
bedeutet dieser Schritt eine Erleichterung, sie müssen sich nicht mehr verstellen. Denn für sie ist die
Frage nach der Zahl ihrer Kinder alles andere als
harmlos.

Im Allgemeinen können Menschen sehr viel mehr
seelisch verarbeiten, als sie sich selbst je zugetraut
hätten. Auch der Verlust eines Kindes kann verkraftet werden. Nicht in dem Sinne, dass Eltern
keinen Schmerz mehr empfinden – sondern dass
sie lernen, ihn als einen Teil ihrer Identität zu akzeptieren. Der Schmerz kommt dann und wann.

Er gehört zu ihnen, wie die wiedergefundene Freude und das Lachen.

Auch für die Verarbeitung eines Kindstodes hängt sehr viel davon ab, ob der Abschied gelingt. Früher war es in Geburtskliniken so, dass Eltern ihre Kinder, die im Mutterleib starben, gar nicht mehr zu Gesicht bekamen. Sie wurden wie Abfall entsorgt. Das führte zu traumatischen Erfahrungen. Viele Frauen litten ein Leben lang darunter. Auch hier gilt: Nichts ist schlimmer als *kein* Abschied.

Inzwischen hat vielerorts ein Umdenken eingesetzt, was vor allem der Initiative von Selbsthilfegruppen und von Hebammen zu verdanken ist. Häufig wird nun den Eltern nahe gelegt, einige Stunden, manchmal sogar Tage, mit ihrem toten Kind zu verbringen. Im Nachhinein sprechen die meisten Eltern positiv von dieser letzten und einzigen gemeinsamen Zeit. Sie ist ihnen geblieben als eine kostbare, Kraft spendende Erfahrung und als eine schöne Erinnerung in einer schweren Lebensphase.

Es ist sicherlich noch ungewöhnlich, aber es zeugt von der Aufgeschlossenheit einer Geburtsklinik, wenn diese den Eltern anrät, ihr tot geborenes oder kurz nach der Entbindung verstorbenes Baby wie ein lebendes Kind selber aus dem Krankenhaus zu tragen und es mit dem eigenen Auto an den Ort – nach Hause oder in andere vertraute Räume – zu bringen, wo sie es betrauern möchten.

Es geschieht immer wieder, dass sich auch Pfarrer angesichts des Todes eines Kindes überfordert fühlen, weil es ihnen an der entsprechenden Ausbildung mangelt. Ein hilfloser Pfarrer kann Trauernden nicht den Rücken stärken.

Eine betroffene Mutter erinnert sich: »Als der Pastor unsere Wohnung verlassen hatte, haben wir uns gesagt: ›Also mit ihm besser nicht. Wir sind doch selbst so fertig. Es geht nicht, dass wir am Grab auch noch auf den Priester Rücksicht nehmen müssen ...‹«

Die Beerdigung fand schließlich ohne den Pfarrer statt.

Es hat sich gezeigt, dass es jungen Eltern Trost spenden kann, wenn sie den Sarg selbst bauen oder bemalen. Ihr Kind wird dann zum Beispiel in einem selbst gezimmerten Häuschen beerdigt. Es ist eine wichtige Aufgabe von Ärzten, Hebammen, Bestattern, aber auch von Pfarrern, die Eltern zu einem sehr persönlichen Abschied zu ermutigen.

Die Bestattungsgesetze haben sich zwar geändert, müssen sich aber noch weiter verbessern. Sie haben sich den Bedürfnissen nach Abschied und Trauer genähert, auch wenn es nach Ansicht der Selbsthilfegruppen noch viel zu optimieren gibt. So werden immer häufiger kostengünstige Gräberfelder für die Bestattung tot geborener Kinder angelegt. Dennoch, es gibt noch immer Kliniken, die bis zu einem bestimmten Geburtsgewicht, in der Regel sind das fünfhundert Gramm, die Herausgabe des Babys verweigern. Aber niemand sollte sich anmaßen dürfen, Eltern vorzuschreiben, ab welchem Gewicht und welcher Körpergröße sie ihr totes Kind betrauern dürfen. Elterliche Trauer ist nicht nach Gramm und Zentimeter zu bemessen. Auch ein Mensch, der in einem frühen Schwangerschaftsstadium stirbt, hat das Recht, betrauert zu werden. Gleichzeitig haben die Eltern das Recht, ihre Trauer um das verstorbene Kind zu zeigen. Man darf Eltern nicht dazu bringen, ihren Schmerz zu verbergen und zu unterdrücken. Eine Gesellschaft, die das Leben per Anordnung nach Gewicht und Körpergröße bewertet, mit der Folge, dass diese kleinen Körper in dunklen Kanälen der Wissenschaft und industriellen Verwertung verschwinden, ist unmenschlich. Heute liegt die Grenze bei fünfhundert Gramm. Und morgen?

Zu diesem Thema ist eine offene Einstellung wünschenswert und Aufklärung nötig: Dem Wunsch der Eltern, ihre Totgeburt zu bestatten, sollte in jedem Fall entsprochen werden. Darüber hinaus sollten alle Eltern ausdrücklich über diese Möglichkeit aufgeklärt werden. Und das nicht nur halbherzig, weil es im Klinikalltag durchaus weniger Wirbel verursacht, wenn anders verfahren wird.

Vielleicht haben wir alle noch die Meldungen der Medien im Ohr, in denen im Sommer 2001 darüber berichtet wurde, dass in einem Krankenhaus in Birmingham, Großbritannien, Körper von tot geborenen Säuglingen, die weniger als fünfhundert Gramm wogen, aufbewahrt wurden. Diese Kinderkörper wurden entweder ganz oder teilweise für Forschungszwecke gebraucht, besser gesagt missbraucht, denn die Eltern wurden nicht darüber informiert. Sie konnten es weder verhindern, noch konnten sie zustimmen. Beim Auftreten der Rinderseuche BSE haben wir auch zuerst gedacht, diese Krankheit gebe es nur auf der Insel. Nur allzu gern glauben wir auch, dass das, was mit den kleinen Kinderkörpern in England geschah, in Deutschland nicht möglich sei ...

Auf dem Friedhof

Es ist wichtig, dass in den Familien rechtzeitig und offen über Bestattungswünsche gesprochen wird und dass es auch kein Tabu ist, über die möglichen emotionalen und praktischen Konsequenzen nachzudenken.

Wenn sich das fehlende Grab erst als Problem erweist und die Hinterbliebenen den konkreten Ort vermissen, an dem sie ihren Toten nahe sein können, ist es meistens zu spät. Mitarbeiter auf Friedhöfen erleben immer wieder Angehörige, die darum bitten, man möge ihnen helfen, das Grab zu finden. Ihnen ist aber nicht mehr zu helfen, wenn eine anonyme Bestattung erfolgt ist.

Wir brauchen den kultivierten Umgang mit unseren Toten. Wir brauchen auch das Grab, vielleicht noch dringender als früher – das Grab als die heute einzige begreifbare Antwort auf die Frage, die Trauernde weit stärker als früher beschäftigt: Wo sind unsere Toten?

Im Normalfall entscheidet nicht ein Einzelner, sondern die ganze Familie über die Form der Bestattung. Menschen unterschiedlicher Generationen müssen sich einigen. Häufig sagen die Älteren

zu den Jüngeren: Keine Experimente! Wir wollen
uns nicht nachsagen lassen, wir hätten Opa wür-
delos begraben. Die Angst, etwas falsch zu machen, ist groß. Wer sich für einen persönlichen Abschied anstelle einer konfektionierten Trauerfeier
plus Bestattung entscheidet, riskiert, dass sich
einige Trauergäste vor den Kopf gestoßen fühlen.
Aber wenn nicht eine größere Zahl von Menschen
bereit ist, dieses Risiko einzugehen, wird es keine
Veränderung in der Trauerkultur geben.

Trauerfeiern auf dem Friedhof können eine Zumu-
tung sein, und zwar dann, wenn ihnen zeitliche
Grenzen gesetzt werden. In vielen Städten haben
die Friedhofsverwaltungen die Nutzung ihrer
Trauerhallen nach einem engen Stundenplan geregelt. An die Bedürfnisse der Hinterbliebenen
wurde dabei nicht gedacht.

In kurzer Zeit soll alles Wesentliche erledigt
werden: Rituale, Musik, persönliche Ansprache,
Würdigung des Toten, Zuwendung und Trost für
die Angehörigen. Und wenn eine Trauergesellschaft Pech hat, dann setzt sich die Hektik an-
schließend fort: Die Träger sehen sich nicht mehr
veranlasst, auf den Trauerzug zu warten, sondern
sie laufen vorweg zum Grab, in Gummistiefeln
und Kaugummi kauend ... Als Alternative bieten

sich jetzt schon Trauerfeiern in Kirchen und Bestattungshäusern an.

Elektroautos, die den Sarg transportieren, bedeuten durchaus Erleichterung.

Aber es darf nicht geschehen, dass durch sie die Gemütsverfassung der Trauergemeinde auf dem Weg zum Grab gestört wird. Das passiert zum Beispiel dann, wenn der Fahrer sich nicht auf das Tempo des Trauerzuges einzustellen vermag. Es ist schön, wenn sich in einer Trauergemeinde Menschen finden, die den Sarg selbst tragen. Ein solcher Wunsch der Angehörigen sollte durch Friedhofssatzungen nicht ausgeschlossen sein. Auch die Berufsgenossenschaften sollten nicht zur Verhinderung ins Spiel gebracht werden. Sicherlich können die Träger eines Sargs auch einmal ins Grab fallen. Doch diese mögliche Gefahr stellt noch lange keinen Grund dar, dass der Sarg in die Hände von Menschen gelegt wird, die mit dem Verstorbenen nie etwas zu tun gehabt haben. Bei den Särgen von Kleinkindern sollte es eine Selbstverständlichkeit sein, dass die Angehörigen ihn zur Grabstelle tragen, wenn sie dies ausdrücklich wünschen.

Es gibt Begräbnisse, die keine sind: Hier bleibt der Sarg – was völlig absurd ist – einfach neben der

Graböffnung stehen, oder er schwebt an techni-
schen Einrichtungen zwischen Himmel und Erde.
Erst nachdem sich die Trauergesellschaft entfernt
hat, wird er maschinell ins Grab gesenkt. Damit
sollte sich kein Pfarrer und kein Bestatter abfinden.
Ein Begräbnis heißt: jemanden begraben, beerdigen, in die Erde legen. Zum Abschiedsritual gehört
die Erde, die ins Grab geworfen wird.

Die Menschen werden bei ihrer Geburt von
vertrauten Händen in Empfang genommen. Darum ist es angemessen, wenn sie auch von vertrauten Händen ins Grab gelegt werden. Es ist
wirklich kein Problem, den Angehörigen zu zeigen, was beim Niederlassen des Sarges zu beachten ist. Es kann auch ein hilfreiches Ritual sein, am
Abend vor der Beerdigung den Sarg zusammen
mit der Familie und Freunden zu schließen, zuzu-
schrauben oder auch bewusst zuzunageln: eine
Geste, mit der fortgegeben wird, was vergänglich
ist, um das Unvergängliche umso intensiver in sich
zu bewahren.

Häufig trägt der Pfarrer die Urne zum Grab. Bei
nichtkirchlichen Beerdigungen macht es üblicherweise der Bestatter. Schön ist es, wenn die Angehörigen ermuntert werden, die Urne selbst zu
tragen. Es ist auch denkbar, dass sich mehrere

Trauergäste bei dieser Aufgabe abwechseln. Sie hätten auf diese Weise einen letzten direkten Kontakt zu dem Toten. Sollte dies Schule machen auf unseren Friedhöfen, hätte sich ein weiteres hilfreiches Abschiedsritual entwickelt.

Man sollte den Angehörigen auch ermöglichen, die Asche der Urne zu sehen oder zu fühlen. Wie oft beten wir: »Staub bist du, und zu Staub wirst du werden.« Leider sind diese Sätze oft nicht erfahrbar, sie bleiben Theorie. Das Fühlen, das Begreifen der Asche führt dem Trauernden vor Augen, dass nur das Vergängliche des Verstorbenen beigesetzt wird. Das, was den Menschen ausgemacht hat, kann den Hinterbliebenen niemand nehmen, solange es in ihrer Erinnerung lebendig bleibt. Der Trauernde erhält die Chance zu entdecken, dass es neben dem »Loslassen« ein »Festhalten« gibt, ein Festhalten all der Begegnungen, Gedanken, Worte und Erlebnisse, die einen mit dem Verstorbenen verbinden.

Immer häufiger werden bei uns Menschen muslimischen Glaubens bestattet. Von ihren Ritualen könnten vielleicht auch Christen und bekennende Nichtchristen etwas übernehmen. Stattdessen wird das Fremde auf unseren Friedhöfen häufig als störend empfunden. Gelegentlich sind Friedhofsarbeiter irritiert – es kam sogar bereits zu Range-leien –, weil die Angehörigen bei türkischen Be-gräbnissen gewöhnt sind, selbst zur Schaufel zu greifen. Dies gehört bei den Muslimen ganz selbstverständlich zum Bestattungsritus, der unbe-dingt respektiert werden muss, und wäre auch für unseren Kulturkreis eine schöne Geste zum Aus-druck der Trauer.

Spaziergänge über moderne Friedhöfe führen nur in die Langeweile. Die Grabreihen ähneln in ihrer Monotonie Steinwüsten. Bloß keine Schnörkel, keinen Hinweis auf das, was dem Verstorbenen wichtig war! Wer sich auf unseren Friedhöfen um-schaut, entdeckt einen zentralen Unterschied zwi-schen Alt und Neu. Einerseits die stimmungsvolle Atmosphäre der Gräber vom Anfang des 20. Jahr-hunderts, als für aufwändige Monumente noch Bildhauer engagiert wurden, andererseits die ge-normte Langeweile der heutigen Zeit. Mit Geset-zen, die als fortschrittlich empfunden wurden, sollte dem Begräbnispomp Grenzen gesetzt wer-den. Erwünscht war mehr Gleichheit, auch im Tod. Erreicht wurde eine Gleichförmigkeit, die je-des Zeichen der Individualität verbannt und einer Form der persönlichen Trauer keinen Raum gibt.

Es gibt verordnete Grab- und Grabsteinabmessungen; Höhe, Breite, Tiefe des Grabes, die Gestaltung des Grabsteins, alles ist durch Vorschriften reglementiert, klein und gleich gemacht. Zum Teil werden sogar die Materialien der Steine vorgeschrieben. So entsteht das Einheitsbild: eine Marmorwand mit »Eselsrücken«, wie eine gängige Form der Grabsteine bezeichnet wird, breiter als hoch, mit der Aufschrift »Familie Schmitz« – Ende. Mehr erfährt man nicht. Das ist die Vorstufe zur Anonymität. Sollte sich die anonyme Bestattung durchsetzen, würde der Friedhof gänzlich zum Entsorgungspark.

Dieser Einheitsstil der Grabstellen konnte sich entwickeln, weil das Bestattungsrecht in Deutschland nur die Bestattung auf Friedhöfen erlaubt. In deren Verwaltungen sitzen die Kreativitätsbremser mit ihren engen Vorschriften.

Was tun, damit wieder Individualität auf den Friedhöfen sichtbar wird? Vor allem Mut haben. Zum Beispiel sich trauen, einen eigenen Entwurf für den Grabstein einzureichen und es bei Ablehnung noch einmal zu versuchen.

Viele Friedhöfe sind trotz ihrer eintönigen Überschaubarkeit nicht einmal sicher. Insbesondere ältere Besucherinnen fühlen sich dort nicht wohl und fürchten zu Recht um ihre Handtasche. Doch gerade der Ort, an dem Trauernde ihren Toten nahe sein können, sollte es zulassen, dass man nicht ständig wachsam sein muss. Auch deshalb wäre es sinnvoll, unsere Friedhöfe für Spaziergänger attraktiv zu machen. Warum kann ein Friedhof nicht zugleich ein Park sein, in dem die Gemeinschaft der Lebenden und der Toten zusammenkommt? Man muss dort ja nicht gleich Tanz- und Trinkgelage abhalten, wie es auf manchen mittelalterlichen Kirchhöfen Usus war. Aber wenigstens wünscht man sich doch die Qualität alter Friedhöfe, die man gern besucht, weil dort die Grabstätten der Verstorbenen so unterhaltsam vom Leben erzählen. Hierzu wäre es notwendig, dass der Friedhof wieder im Zentrum des Lebens angesiedelt wird und nicht in Außenbezirke verlegt wird, die nur per Auto oder Bus zu erreichen sind.

Noch ist vieles Utopie: der Friedhof als Park und womöglich irgendwann eine freie Friedhofsordnung. Auch der Wunsch, den viele Menschen hegen, in ihrem eigenen Garten beerdigt zu werden, klingt in unserem Land völlig utopisch. Doch warum sollte in Deutschland nicht möglich sein, was sich in anderen Ländern bereits bewährt hat? Was spricht gegen eine Familiengedenkstätte mit Urnen im Hausgarten? Und warum nicht die Urne der Mutter mitnehmen, wenn man umzieht? Wir sollten das zulassen. Was bei unseren europäischen Nachbarn Normalität ist, sollte auch in Deutschland nicht unmöglich sein.

Eine freie Friedhofsordnung würde natürlich ein besonderes Verantwortungsgefühl voraussetzen. Auch der Tote muss Schutz genießen, mit ihm darf nichts angestellt werden, was gegen seine Würde verstößt.

Was Trauergruppen leisten können

Ein flächendeckendes Angebot von Trauergruppen wäre nötig. Einige kirchliche und andere gemeinnützige Institutionen haben bereits den Anfang gemacht. Hinterbliebene können sich in diesen Gruppen offen austauschen. Sie erfahren Trost und Bestärkung durch die Gemeinschaft. Häufig können sie hier ausdrücken, was ihnen innerhalb ihrer Familien nicht möglich ist, da dort die Vorstellungen von Trauer zu unterschiedlich sind oder die Gefühle des Verlustes totgeschwiegen werden.

Auch während der Trauerzeit brauchen Menschen hin und wieder Abwechslung. Vielleicht wollen sie auch einmal andere Gesichter sehen.

Aber wo und wie sollen Witwen neue Kontakte knüpfen, wenn diese Rolle früher stets vom Ehemann übernommen wurde? Und wie frei fühlt sich die Betroffene bei der Wahl dessen, was ihr gut tun könnte? Wird eine Witwe während der Trauerzeit von Verwandten, Freunden und Nachbarn liebevoll unterstützt – was vor allem in ländlichen Gegenden noch recht gut funktioniert –, dann erfährt sie dies womöglich auch als eine soziale Kontrolle. Der Besuch einer Trauergruppe hingegen, da kann man sicher sein, wird überall akzeptiert. In vielen Fällen ist die Teilnahme an einer »TrauDichReise« sehr heilsam und wohltuend. »TrauDichReisen« bietet Urlaubsangebote ausschließlich für Menschen, die ihren Schmerz nicht abstellen können, aber dennoch einmal aus ihrem bedrückenden Alltag herausfinden möchten. Am Urlaubsort können sie trauern und gleichzeitig neue Kräfte tanken, in Gemeinschaft oder alleine die Gegend erkunden, neue Eindrücke gewinnen und wieder Mut schöpfen.

Trauergruppen sind Gruppen, die zur Selbsthilfe anleiten. Aber später, wenn die Zeit reif ist, kann sich das ändern. Nach einem Jahr vielleicht werden die Mitglieder merken, dass sie wieder leichter mit ihrem Leben zurechtkommen, was bedeutet, dass sie in ihrer Trauer einen fortgeschrittenen Zustand erreicht haben. Es kommt zu einem Abnabelungsprozess. Der Trauerbegleiter hat seine Arbeit getan und kann gehen. Eine Gruppe aber, in der tragfähige Bindungen entstanden sind, besteht weiter, bis eines Tages vielleicht nur noch vier oder fünf übrig bleiben, die sich einmal im Monat treffen.

Es gibt vor allem ältere Menschen, die dazu neigen, die Beschäftigung mit dem eigenen Leid als unberechtigt zu empfinden, nach dem Motto: Anderen ist es doch viel schlimmer ergangen. Oft hört man von einer Witwe den Zusatz, man habe es doch gut gehabt, immerhin seien ihr vierzig gemeinsame Jahre mit ihrem Mann vergönnt gewesen. In diesem Denken herrscht eine Hierarchie des Trauerschmerzes: Der Verlust eines Kindes kommt auf Platz eins, der Verlust eines jungen Ehepartners auf Platz zwei. Der eigene Verlust rangiert ganz unten auf dieser Liste. In einer Trauergruppe wird auch diese Witwe lernen, dass die persönliche Trauer unvergleichlich ist und sie ein Recht auf schmerzliche Gefühle hat.

Die Trauerzeit ist unter anderem eine Periode des Lernens und Übens. Gerade älteren Frauen fällt es nach dem Verlust des Ehemannes häufig schwer, sich selbst ans Steuer zu setzen und die Strecken zurückzulegen, die sie bisher nur aus der Beifahrerperspektive kennen. Manchmal steigern sie sich in eine gnadenlose Angst, die sie lähmt. In den Trauergruppen tauschen Frauen sich darüber aus, sie erzählen von ihren Tricks und geben sie als Tipps weiter. Man spricht von Geduld und macht sich gegenseitig Mut. Die Hilfe in der Trauergruppe erinnert an Nachbarschaftshilfe. Wozu ein Mensch allein nicht in der Lage ist, das schafft er mit der Unterstützung anderer.

Die Aufgaben der Kirchen

Noch immer gibt es vor allem ältere Kirchenvertreter, die eine Trauerbegleitung mit einer Handbewegung abqualifizieren und behaupten: »Wer einen festen Glauben hat, der hat diese Begleitung nicht nötig.«

Vor diesem Hintergrund wird deutlich, warum es in der Vergangenheit so schwierig war, das Thema Trauer in den Kirchen auf die Tagesordnung zu setzen. Und man ahnt, dass es auch in der Zukunft noch nicht selbstverständlich sein wird, dass Trauernde überall mit Beistand rechnen können.

Aber auch die Kirchen haben die Aufgabe, eine ganz konkrete Trauerbegleitung anzubieten. Dabei sollte den Hinterbliebenen erlaubt sein, ihrem Schmerz Ausdruck zu verleihen. Die Trauernden mit frommen Sprüchen abzufertigen, in dem Tenor, dass man Trost bei Gott suchen solle, anstatt ihnen geduldig zuzuhören, ist nicht tröstlich und mitunter sogar verletzend.

Jeder Tod eines Angehörigen oder lieben Menschen wird dem Betroffenen wie eine Amputation erscheinen, denn ihm wird ein Teil seines Selbst genommen. Wenn ihm ein Bein abgetrennt wird, verliert er im ersten Augenblick die gewohnte Balance, den vertrauten Halt. Er fällt und liegt auf dem Boden. Er kann nicht auf andere zugehen; die, die ihm helfen wollen, müssen zu ihm kommen.

Es fällt ihm auch schwer, sich zu erheben. Er braucht eine Stütze, besser noch eine Krücke. Trauerbegleiter dienen als Krücken. Sie können dem Trauernden nichts abnehmen, nicht für ihn trauern. Aber sie können den Trauernden in Bewegung bringen, seine Erstarrung lösen, mit ihm gehen, ihm Schritt für Schritt vorangehen auf dem langen Weg, ansprechbar sein, solange Hilfe benötigt wird, zu jeder Zeit, einige Tage, Wochen, Monate oder sogar Jahre.

Jede Firma, für die der Kundenkontakt im Mittelpunkt steht, legt Wert darauf, dass ihre Mitarbeiter gut erreichbar sind. Notfalls werden die Anrufer über ein Callcenter, eigens angeheuerte Telefondienstmitarbeiter, weitervermittelt. Damit handelt man gemäß der Erkenntnis, dass das persönliche Gespräch im Erstkontakt durch nichts zu ersetzen ist, wenn Vertrauen wachsen soll. Die meisten Pfarrer dagegen glauben, dass ihr Anrufbeantworter ausreicht. Bei den alltäglichen Aufgaben mag das stimmen. Aber es gibt Ausnahmesituationen, und dazu zählt der Sterbefall. Menschen in Not fühlen sich schnell zurückgewiesen, wenn sie nur eine Stimme vom Band hören. Da bleiben sie stumm und legen wieder auf.

Gelegentlich hört man von Geistlichen das Argument: »Wenn es ihm wirklich wichtig war, hätte er über seinen Schatten springen müssen ...« Vielleicht gibt es hier ein Missverständnis: Für Beratungs- und Therapieangebote gilt die Regel, dass der Klient den ersten Schritt machen muss. Daran erkennt ein Berater die Motivation des Ratsuchenden, denn ohne dessen Bereitschaft redet der Berater gegen eine Wand, und die Gespräche sind vergeudete Zeit. Aber für Trauernde kann das nicht gelten. Trauernde sind häufig verletzt, schwach und dünnhäutig. Trauernde gehen nicht auf andere Menschen zu. Man muss vielmehr auf sie zugehen und ihnen Angebote machen, gerade in der akuten Phase, zumal, wenn man »Seelsorger« ist. Diese Bezeichnung gibt wörtlich die ursprüngliche Aufgabe eines Priesters vor: Für die Seelen zu sorgen sollte der Leitgedanke seines Berufsalltags sein. Der Impuls muss von dem Priester ausgehen. Erst in einem späteren Stadium der Trauer, nach Wochen oder Monaten, kann man von Hinterbliebenen erwarten, dass sie den Wunsch nach Hilfe oder Begleitung von sich aus signalisieren.

Jeder, der in seinem Beruf für andere Menschen da zu sein hat, kennt das Problem, wenn es an mehreren Stellen gleichzeitig brennt: Er muss Prioritäten setzen. Wenn etwa um acht Uhr am Morgen eine aufgelöste Frau beim Pfarrer vor der Tür steht und über ihre schreckliche Ehescheidung sprechen will und gleichzeitig das Telefon klingelt, weil jemand Beistand wünscht, dessen Frau soeben verstorben ist, dann wäre die Entscheidung klar: Der Pfarrer müsste die Besucherin warten lassen und sich zunächst dem Witwer zuwenden. Denn der Tod eines Angehörigen ist etwas Einmaliges. Und wenn etwas Einmaliges geschieht, muss man als Begleiter so schnell wie möglich zur Stelle sein.

Viele Gemeinden haben so genannte »feste Beerdigungszeiten« eingeführt. Das heißt: Nicht der Hinterbliebene gibt den Takt an, sondern der Experte, der ihm eigentlich zuarbeiten sollte. Dazu lässt sich nur sagen: Natürlich kommen Beerdigungen, aber auch Trauerschübe immer zur Unzeit. Doch gerade dann muss man für die Menschen bereitstehen.

Wenn ein Pfarrer während seines Kondolenzbesuches die Chance hat, neben dem aufgebahrten Toten Platz zu nehmen, wird das Gespräch mit den Angehörigen offener als üblich sein. Es wird dem Pfarrer mehr Anhaltspunkte für seine Trauerrede geben. Und umso persönlicher wird er die Familie während der Trauerfeier ansprechen können.

Bei einer Beerdigung sollten sich die Pfarrer nicht vor den großen Warum-Fragen der Menschen drücken. Es ist ihre Aufgabe, mögliche Antworten aufzuzeigen, und nicht, weitere Fragen aufzuwerfen. Mit diesen so gern produzierten Frage-Ketten wird das eigentliche Thema – wo kommen wir

her, wo gehen wir hin? – banalisiert. Aber Ober-
flächlichkeit verträgt sich nicht mit den tiefen
Emotionen eines Abschieds. Und das Eingeständ-
nis von Ratlosigkeit ist auch eine Antwort. Sie
wird schon deshalb akzeptiert, weil sie aufrichtig
ist.

In einem Gottesdienst, also auch in einem Trauergottesdienst, darf der Pfarrer keine Vorlesung halten. Das hat sich erst in den letzten zwei, drei
Generationen eingeschlichen. Luther und Schleier-
macher redeten frei. Echt und glaubwürdig ist der
Priester nur dann, wenn er ohne Konzeptpapier
predigt und betet. Nur dann ist das Herz dabei.
Nur dann rührt er an die Herzen der anderen.

Auch wenn es für viele Gemeinden noch Zu-
kunftsmusik ist: Beerdigungen beginnen mit dem
Sarg in der Kirche. Das ist das beste Mittel gegen
den Fluch der fortschreitenden Funktionalisierung
und Verdrängung des Todes. Der Abschied von
der Mutter, dem Vater, dem Kind ist kein Randge-
schehen der Gesellschaft. Er ist – wie die Geburt
eines Kindes – eines der zentralen Erlebnisse eines
Menschenlebens, und deshalb gehört er – wie
auch die Taufe – in unsere Mitte, in die Gemeinde,
in der der verstorbene Mensch gelebt hat. Die To-

ten im Sarg sind der Kristallisationspunkt in der Lebenserinnerung der Kinder und anderer Hinterbliebener. In der Kirche werden die Toten aufgebahrt. Dort kann schon Stunden vor der Bestattung Abschied genommen werden. Wenn wir der Trauer wieder eine Heimat, vertraute Räume, geben wollen, müssen die Toten in unsere Häuser und in die Kirchen zurückkehren.

Wenn die Toten wieder zurück in die Kirche geholt werden, dann kann es sein, dass sich für die Angehörigen auch etwas in der Beziehung zu dem Gebäude verändert. Der Ort wird, wenn man so will, geheiligt, denn dort ist die Mutter, der Vater und das Kind herausgetragen worden. Er wird zu einer persönlichen Stätte der Erinnerung, die im Gedächtnis haften bleibt. Eine solche Kirche steht unter dem besonderen Schutz der vielen Menschen, die hier im Laufe vieler Jahrzehnte ihre Toten verabschiedet haben.

Auch künstlerische Formen eignen sich für den feierlichen Abschied im Rahmen eines Gottesdienstes: Elemente des Theaters, des Tanzes, bildhafte Darstellungen, Poesie und Prosa, Musik, Gesang – auch Jazz, Rock, Schlager, Beat –, sofern sie im Leben des Verstorbenen eine Rolle gespielt haben und für die Angehörigen stimmig sind. Es ist unpassend, einem Toten Orgelmusik zu widmen, wenn er zu seinen Lebzeiten Technopartys liebte. Hier gilt der Satz: Nicht allen das Gleiche, sondern jedem das Seine.

Die Kunst kommt ursprünglich aus dem sakralen Bereich. Das Einweben künstlerischer Gestaltungsformen in einen Gottesdienst kann Ritualen neue Bedeutung verleihen. Umgekehrt kann die Tradition des Trauerritus ein Ausufern der künstlerischen Präsentation verhindern.

In einem Trauergottesdienst ist es wichtig, dass die Besucher die kirchlichen Lieder wiedererkennen. Es ist nicht die Gelegenheit, mit unbekannten Stücken zu experimentieren. Wenn es der Kirche wirklich ernst damit ist, dass sie zur Heimat werden und Geborgenheit vermitteln will, dann hat der Pfarrer als Hausherr dafür zu sorgen, dass Gefühle der Vertrautheit entstehen. Er käme ja auch nicht auf die Idee, beim Weihnachtsgottesdienst auf das Lied »Stille Nacht, heilige Nacht« zu verzichten.

Trauernde zu begleiten verlangt von einem Pfarrer, sich auch in kleinen Dingen keine Nachlässigkeit zu erlauben. Es darf einfach nicht passieren, dass er plötzlich den Namen des Verstorbenen nicht mehr weiß. Auch ist es für die Angehörigen schmerzlich, wenn ihr »Jupp« während der ganzen Trauerfeier »Josef« genannt wird, nur weil dieser Vorname in seinem Personalausweis steht. Und noch etwas: Verschmutzte Schuhe und Jeans des Pfarrers lenken mitunter vom Trauerprozess ab. Sie werden dann später beim Kaffee das eigentliche Thema, wenn sich Angehörige darüber empören. Denn mit der Feier wünschen sich die Trauernden in der Regel eine Würdigung des Toten, und dazu gehört für viele Menschen noch immer eine makelloses Äußeres, das in ihren Augen Respekt für den Verstorbenen bezeugt.

Der Pfarrer und der Bestatter sollten den Friedhof als Letzte verlassen. Andernfalls zeigen sie den Trauernden unbewusst, dass für sie das Geschehen nur eine Routineangelegenheit war, die sie innerlich kalt gelassen hat.

In den Gemeinden sollten regelmäßig Seminare abgehalten werden, in denen der offene Umgang mit der Trauer und dem Tod thematisiert werden. Es können auch Kurse für Trauerbegleitung angeboten werden, sodass es möglichst in jeder Gemeinde geschulte Menschen gibt, die Angehörigen ihren Beistand anbieten können.

Es ist eine schöne Sitte, wenn am Totensonntag im Gottesdienst von der Gemeinde so viele Kerzen angezündet werden, wie im letzten Jahr Menschen aus ihrer Mitte verstorben sind. Die Namen der Verstorbenen könnten sowohl auf dem »Liedblatt« zum Gottesdienst als auch im Gemeindebrief veröffentlicht werden. Beim Vorlesen der Namen erhebt sich die Gemeinde. Die Angehörigen werden zu diesem Gottesdienst schriftlich eingeladen. Solche Rituale stärken das Verbundenheitsgefühl und geben der Erinnerung an die Toten Raum. Sie verleihen Trost und vermitteln ein Gefühl des Aufgehobenseins in einer Gemeinschaft.

Solche Formen des Abschiednehmens können in vielen kleinen Schritten vollzogen werden. Eine trauernde Familie freut sich über einen Brief nach vierzig Tagen (Sechswochenamt) und zum ersten Todestag des Verstorbenen. Man kann davon ausgehen, dass die Trauer an diesen Tagen groß ist. Pfarrer oder Gemeindemitarbeiter können damit zeigen, dass sie in Gedanken bei der Familie sind, und sie können ein Gespräch anbieten. Durch diese und die vorher genannten Schritte bietet die Kirchengemeinde Geborgenheit. Sie entwickelt sich zur Heimat für Menschen, die durch Leid, Tod und Trauer belastet sind.

Einstellungen in der Gesellschaft

Die Sterblichkeit des Menschen steht im Widerspruch zu unserer Gesellschaft, die den Glauben an die Grenzenlosigkeit ebenso pflegt wie den an die Ersetzbarkeit: Alles ist jederzeit verfügbar, alles scheint machbar. Es schwindet das Gefühl für das Begrenztsein, für das Unwiederbringliche einzelner Lebensphasen. Damit schwindet auch das Gefühl für die Endlichkeit. Die Autokonzerne bringen alle zwei Jahre ein neues Modell heraus, was bedeutet, dass alle zwei Jahre relativ neue Wagen mit Absicht entwertet werden. So hat sich die Einstellung entwickelt: Es gibt immer noch etwas Besseres. Handys und elektronische Kommunikation vermitteln ein Lebensgefühl der Allgegenwärtigkeit. Scheinbar ist jeder Mensch jederzeit erreichbar. Auf diese Weise geht auch das Gespür für einmalige Momente und besondere Lebensphasen verloren, und Begegnungen scheinen ebenso reproduzierbar zu sein wie der Abschied. Die Beschäftigung mit den Themen Tod und Trauer könnte diesem völlig unrealistischen Lebensgefühl etwas entgegensetzen und uns wieder lehren, den Augenblick in seiner Einmaligkeit zu genießen.

Alle Menschen werden irgendwann mit dem Tod von Angehörigen konfrontiert, aber wenn sie sich nie mit dem Thema beschäftigt haben und völlig unvorbereitet sind, kommt es zu überstürzten Entscheidungen, die nicht auf Überlegung basieren. Wer nicht weiß, welche Möglichkeiten er hat, um einen Abschied würdig und individuell zu gestalten, wird sich im Ernstfall unter dem Druck der Situation reflexhaft an überkommene Rituale klammern – möglicherweise eine vertane Chance für einen bewussten Abschied, an den man sich trotz aller Trauer mit tröstlichen Gefühlen erinnert. Darum ist es so wichtig, sich auf einen Todesfall, der jederzeit eintreffen kann, vorzubereiten.

Noch wird es in unserer Gesellschaft als normal angesehen, wenn jemand nach dem Verlust eines Angehörigen – sei es durch Tod, sei es durch Scheidung – ganz und gar hinter seiner Arbeit verschwindet. Aber die Trauerzeit ist keine Phase großer Produktivität. Arbeit ist nicht immer die beste Medizin. Rastlosigkeit passt absolut nicht zu dem, was geschehen ist, denn ein Leben, ein Zusammenleben, etwas nicht Ersetzbares, hat ein Ende gefunden, und dennoch hetzt man weiter seinen Terminen hinterher ... Und die Umwelt schaut zu und nickt verständnisvoll, anstatt den

Trauernden zu trösten und ihm zu ermöglichen, seine Gefühle zu zeigen.

Früher war es leichter, Trauernden zu helfen, denn sie waren äußerlich zu erkennen. Die schwarze Kleidung, die heute fast nur noch am Tag der Trauerfeier und bei der Beerdigung getragen wird, erlaubte auch eine strenge soziale Kontrolle, sodass viele es mit Erleichterung betrachten, dass der Brauch, sich ein volles Jahr in Trauerkleidung zu zeigen, heute fast aufgegeben ist. Würden wir in einer Kultur leben, in der jeder jederzeit seine Trauer ungehindert zeigen darf, wäre die Kleiderfrage sicher nebensächlich. Aber da dies nicht so ist, könnte Trauerkleidung – falls sie eines Tages wieder Brauch würde – doch eine Art Schutzkleidung bedeuten. Sie würde der Umwelt signalisieren: Ich bin in einer besonderen Situation. Ich bin dünnhäutig, leicht verletzbar.

Die Angst, im Umgang mit Sterbenden und Trauernden zu versagen, ist die Kehrseite einer leistungsstarken Gesellschaft, die für jedes Problem Berufshelfer ausgebildet hat. Die Vorstellung, etwas falsch zu machen, lähmt den Wunsch des Laien, anderen in Notsituationen Beistand zu leisten, und führt häufig zu der niederdrückenden Ansicht: »Ich kann ja doch nichts machen.« Eine irrige Annahme, denn so, wie man sich als Ehemann auf eine Geburtsbegleitung vorbereiten kann, könnte man sich auch mit den Kenntnissen für eine Sterbe- und eine Trauerbegleitung vertraut machen. Die Hospizbewegung bietet mit ihren Mitarbeitern eine Ausbildung in diesem Feld an.

In den Kinderkliniken ist die Enttabuisierung von Sterben und Tod am weitesten fortgeschritten. Das hat etwas damit zu tun, dass die Bedürfnisse von Kindern heute weit mehr wahrgenommen werden, als dies jemals der Fall gewesen ist. Für Ärzte auf Krebsstationen zum Beispiel wurde deutlich, wie wichtig es für die kleinen Patienten ist, dass man ihnen die Wahrheit sagt – häufig gegen den ausdrücklichen Wunsch der Eltern. Es zeigte sich, dass so gut wie alle todkranken Kinder über ihren Zustand Bescheid wussten – noch bevor der Arzt mit ihnen darüber gesprochen hatte. Für die Kinder war die Aussicht, bald zu sterben, leichter zu verkraften, wenn sie ihren Eltern kein Theater mehr vorspielen mussten. Es gibt darüber sehr überzeugende Bücher, die vor allem von Müttern geschrieben wurden. Von ihren Erfahrungen kann heute die ganze Gesellschaft profitieren.

Väter würden womöglich ihren Familien mehr Zeit und Aufmerksamkeit widmen und keineswegs der Arbeit den Vorrang geben. Die Menschen würden mehr trauern, wenn alte Freundschaften zerbrechen und neue nicht mehr die Vertrautheit früherer Bindungen erreichen. Sie würden grundsätzlich Beziehungen mehr pflegen, um im Alter nicht allein dazustehen.

Am leichtesten fällt der Abschied vom Leben, wenn Menschen sich geborgen fühlen und wenn sie wissen, dass sie sich auf ihre Familie und Freunde sowie auf ihren Hausarzt verlassen können. Aber wie viele Menschen, vor allem ältere, leben heute noch in einem warmen Nest? Die Furcht vor dem einsamen Tod ist weit verbreitet, und sie ist berechtigt. Wir befinden uns in einem Land, in dem das Single-Dasein zunimmt, was in den so genannten produktiven Jahren durchaus finanziell belohnt wird. Schließlich kommen Arbeitnehmer so dem Ruf der Wirtschaft nach Mobilität und Flexibilität entgegen. In einer solchen Gesellschaft macht es durchaus Sinn, das Ende auszublenden. Andererseits: Mehr über den Tod zu wissen heißt, mehr über das Leben zu erfahren. Jeder kann durch einen anderen Umgang mit dem Tod größere Zufriedenheit erreichen – weil ihm bewusst wird, wie kostbar jeder Tag ist, zu schade, um ihn lustlos zu begehen.

Anhang

Nützliche Adressen und Hinweise

Aeternitas e. V.
Verbraucherinitiative Bestattungskultur
Im Wiesengrund 57
53639 Königswinter
Tel.: (0 22 44) 9 25 37 – Fax: (0 22 44) 9 25 38
E-Mail: aeternitas@t-online.de
www.aeternitas.de
Aeternitas ist eine Verbraucherberatung für die Bereiche Friedhofsrecht, Friedhofsgebühren, Bestattungskosten und Wandel in der Trauerkultur.

Akademie für menschliche Begleitung
Goldammerweg 9
45134 Essen
Tel.: (02 01) 44 24 69 – Fax: (02 01) 47 18 00
E-Mail: mail@ambnet.de
www.canacakis.de
Anlaufstelle für Rat- und Hilfesuchende zum Thema Trauer.

ALPHA Rheinland
von-Hompesch-Str. 1
53123 Bonn
Tel.: (0 22 08) 74 65 47
sowie

ALPHA Westfalen
Salzburgweg 1
48145 Münster
Tel.: (0251) 230848
Ansprechstellen im Land NRW zur Pflege Sterbender, Hospizarbeit und Angehörigenbegleitung.

Bundesarbeitsgemeinschaft Hospiz zur Förderung von ambulanten, teilstationären und stationären Hospizen und Palliativmedizin e.V.
Am Weiherhof 23
52382 Niederzier
Tel.: (02428) 802937 – Fax: (02428) 802892
E-Mail: bag.hospiz@hospiz.net
www.hospiz.net
Aufgabe der Bundesarbeitsgemeinschaft Hospiz ist die Weiterentwicklung der Hospizarbeit, Vertretungsfunktionen auf nationaler und internationaler Ebene, Fortbildung und Öffentlichkeitsarbeit.

Deutsche AIDS-Hilfe e.V.
Dieffenbachstr. 33
10967 Berlin
Tel.: (030) 6900870 – Fax: (030) 69008742
E-Mail: dah@aidshilfe.de
www.aidshilfe.de
Interessenverband, der sich für die Menschenwür-

de von Schwulen, Drogengebraucher/innen und Frauen in bestimmten Lebenssituationen einsetzt und gegen deren Diskriminierung, Ächtung und Ausgrenzung kämpft.

Deutsche Gesellschaft für Palliativmedizin e.V.
von-Hompesch-Str. 1
53123 Bonn
Tel.: (02 28) 6 48 13 61 − Fax: (02 28) 64 81 85
E-Mail: dgp-bonn.mtg@clinet.de
www.dgpalliativmedizin.de
Vereinigt Ärzte und andere Berufsgruppen zur gemeinsamen Arbeit am Aufbau und Fortschritt der Palliativmedizin und fördert auf diesem Gebiet die bestmögliche Versorgung der Patienten.

Deutsche Hospiz Stiftung
Im Defdahl 5–10
44229 Dortmund
Tel.: (02 31) 7 38 07 30 − Fax: (02 31) 7 38 07 31
www.hospize.de
Finanzielle Unterstützung der Hospizarbeit, Bereitstellung von aktuellen Anschriftenregistern anerkannter Schmerztherapeuten und Hospizeinrichtungen, Unterhaltung eines Hospiz- und Schmerztelefons und der Durchführung von Öffentlichkeitsarbeit für die Hospiz-Idee.

Deutsche Krebshilfe e.V.
Thomas-Mann-Str. 40
53111 Bonn
Tel.: (02 28) 72 99 00 – Fax: (02 28) 7 29 90 11
E-Mail: deutsche@krebshilfe.de
www.krebshilfe.de
Ziel ist es, die Krebskrankheiten in all ihren Erscheinungsformen zu bekämpfen. Förderung von Projekten zur Verbesserung der Diagnose, Therapie, Nachsorge und Selbsthilfe; Aufklärung und Informationen über die Krebserkrankungen und Gesundheitsvorsorge.

Deutscher Kinderhospizverein e.V.
Kupferweg 6
57462 Olpe
Tel.: (0 27 61) 96 95 55 – Fax: (0 27 61) 96 95 56
E-Mail: info@deutscher-kinderhospizverein.de
www.kinderhospizverein.de
Bietet bundesweit Begleitung für die ganze Familie unmittelbar nach der Diagnose einer unheilbaren Erkrankung bis hin zum Tode des Kindes und auch darüber hinaus an; Anlaufstelle für betroffene Familien, um Kontakte zu knüpfen; Seminare für Eltern, um sie zu stärken, ihre Auseinandersetzung mit dem Thema Tod und Sterben zu unterstützen und vor allem um Gemeinsamkeit zu fördern.

DOMINO – Zentrum für trauernde Kinder e.V.
Auf dem Broich 24
51519 Odenthal
Tel.: (0 21 74) 43 99 – Fax: (07 21) 1 51 35 81 82
E-Mail: kontakt@zentrakin.de
www.zentrakin.de
Bei DOMINO finden Kinder in Selbsthilfegruppen
eine geschützte, vertrauensvolle Umgebung, in der
es ihnen möglich ist, ihre Trauer auszudrücken
und in ihrer Trauer gehört und akzeptiert zu werden.

GEPS Deutschland e.V.
Gemeinsame Elterninitiative Plötzlicher Säuglingstod
Rheinstr. 26
30519 Hannover
Tel.: (05 11) 8 38 62 02 – Fax: (05 11) 8 38 62 02
E-Mail: geps-deutschland@t-online.de
Diese bundesweit ehrenamtlich tätige Selbsthilfe-
organisation von Eltern unterstützt Familien bei
der Bewältigung des erlittenen Verlustes, informiert die (Fach-)Öffentlichkeit über den »Plötzlichen Säuglingstod« und seine psychosozialen Folgen sowie über Präventionsmöglichkeiten und tritt
für die Erforschung des »Plötzlichen Säuglingstods«
bzw. die Klärung seiner Ursachen ein.

Initiative Regenbogen »Glücklose Schwangerschaft e.V.«
www.gluecklose-schwangerschaft.de
Kontaktkreis für Eltern, die ein Kind durch Fehlgeburt, Frühgeburt, Totgeburt oder kurz nach der
Geburt verloren haben.

*IGSL – Internationale Gesellschaft für Sterbebegleitung
und Lebensbeistand e.V.*
Zeppelinstr. 6
55411 Bingen
Tel.: (0 67 21) 1 03 18 oder 92 11 61
Fax: (0 67 21) 1 03 81
E-Mail: geschaeftsstelle@igsl-hospiz.de
www.igsl-hospiz.de
Interdisziplinäre und überkonfessionelle Organisation für eine humane Qualität des Lebens bis
zuletzt; Öffentlichkeitsarbeit, um die Themen von
Sterben, Tod und Trauer in unserer Gesellschaft
bewusst zu machen. Mittels Schriften und Hos-
piz-Bildungswerk ein qualifiziertes Bildungsan-
gebot zur Befähigung, Weiterbildung und Super-
vision von Menschen, die andere im Sterben
begleiten und bis zuletzt Lebensbeistand leisten.

KOSKON
Koordination für Selbsthilfe in NRW
Friedhofstr. 39
41236 Mönchengladbach
Tel.: (02166) 248567
E-Mail: KOSKON@t-online.de
www.KOSKON.de
Koordiniert die Selbsthilfeunterstüzung in Nord-
rhein-Westfalen; Informationen über Selbsthilfe-
gruppen in NRW; Materialien und Arbeitshilfen
zur Selbsthilfe; Beratung bei dem Aufbau und der
Organisation von Selbsthilfe.

Nakos
Albert-Achilles-Str. 65
10709 Berlin
Tel.: (030) 8914019 – Fax: (030) 89340
E-Mail: nakos@gmx.de
www.nakos.de
Nationale Kontakt- und Informationsstelle zur An-
regung und Unterstützung von Selbsthilfegruppen
auf Bundesebene und bundesweit.

Notfallseelsorge
www.notfallseelsorge.de
Die Notfallseelsorge wendet sich an verschiedene
Personengruppen, wie Unfallopfer oder durch Not-

fälle direkt geschädigte Menschen, an unverletzte Beteiligte, Unfallzeugen und Angehörige von Opfern, und bietet seelsorgerischen Beistand für Angehörige der Rettungsorganisationen.

OMEGA – Mit dem Sterben leben e.V.
Bundesgeschäftsstelle
Postfach 1407
34346 Hann. Münden
Tel.: (05541) 4881 oder 5356 – Fax: (05551) 4076
E-Mail: bundesbuero@omega-ev.de
www.omega-ev.de
Überkonfessionelle, weltanschaulich ungebundene Solidargemeinschaft von ehrenamtlichen Helfern, die sich direkt für schwer erkrankte oder sterbende Menschen und ihre trauernden Angehörigen einsetzen.

Private Trauer Akademie Fritz Roth
Kürtener Straße 10
51465 Bergisch Gladbach
Tel.: (02202) 93580 – Fax: (02202) 37123
www.trauerakademie.de
Veranstaltungs- und Vortragshaus zu Themen von Sterben, Tod und Trauer.

Dr. Ruthmarijke Smeding
P.O. Box 17637
NL-1001 JM Amsterdam
Tel.: (0 20) 6 14 67 35
E-Mail: palled@ibm.net
Dr. Smeding beschäftigt sich seit fünfundzwanzig
Jahren mit Ausbildungskonzepten für klinische
Berufe. Sie lehrt fachliche und didaktische Grund-
lagen des Unterrichts für klinische Berufe mit
Schwerpunkt Palliativ- und Trauerbegleitung. In
Deutschland vertritt sie seit zehn Jahren u.a. das
von ihr entwickelte Modell »Trauer erschließen«,
das sich vor allem mit dem nichttherapeutischen
Teil der Trauerbegleitung befasst.

T.A.B.U. e.V.
Tiegelstr. 23
45141 Essen
Tel.: (02 01) 32 87 77 – Fax: (02 01) 8 32 53 68
E-Mail: tabu-team@t-online.de
Trauer- und Lebensberatungsstelle für Menschen
in Krisen- und Abschiedssituationen, die Beglei-
tung und Unterstützung suchen; Institution für
Fortbildung und Ausbildung im Bereich »Sterbe-
und Trauerbegleitung«.

Telefonseelsorge
Tel.: (08 00) 1 11 01 11 (evangelisch)
Tel.: (08 00) 1 11 02 22 (katholisch)
Kinder- und Jugendtelefon: (08 00) 1 11 03 33
www.telefonseelsorge.de
Beratungs- und Seelsorgeangebot der christlichen Kirchen, rund um die Uhr für ein anonymes und vertrauliches Gespräch erreichbar. Der Hilfesuchende findet hier Menschen, die zuhören, die sich einlassen, die raten und helfen.

TrauDichReisen
Martina Taruttis-Schöndelen
Kapellenbruch 209
41372 Niederkrüchten
Mobiltelefon: (01 77) 8 45 83 59
E-Mail: TrauDichReisen@t-online.de
www.TrauDichReisen.de
Reisen zu sorgfältig ausgewählten Orten für Menschen in Verlustsituationen; dabei spielt die Art des Verlustes keine Rolle. Tod, Scheidung oder Trennung, der Verlust der Gesundheit, des Arbeitsplatzes oder der Heimat und vieles mehr können Gründe für die Trauer sein. Der Veranstalter ermöglicht Gespräche, kreative Übungen, Meditation und Trauerrituale, die den Trauernden neue Wege aufzeigen sollen.

TrauerOase
Kürtener Straße 10
51465 Bergisch Gladbach
Tel.: (0 22 02) 9 35 80 – Fax: (0 22 02) 3 71 23
www.traueroase.de
Gütegemeinschaft zukunftsorientierter Bestattungshäuser und eine Auszeichnung für erreichte Qualität.

Trauer Welten e.V.
Ittmecker Weg 4
59872 Meschede
Tel.: (02 91) 8 28 58
Seminare für in Verlustsituationen involvierte Berufsgruppen wie Polizei, Feuerwehr, Bestatter, Trauerredner, Hospizmitarbeiter.

Verwaiste Eltern in Deutschland e.V.
Bundesstelle
Fuhrenweg 3
21391 Reppenstedt
Tel.: (0 41 31) 6 80 32 32 – Fax: (0 41 31) 68 11 40
E-Mail: kontakt@veid.de
www.veid.de
Beratung und Begleitung von Eltern und Geschwistern, die ein Kind bzw. Bruder oder Schwester verloren haben.

Kommentierte Literaturliste

Trauer allgemein

ROSA AINLEY
Ich hab' ihr nie gesagt, daß ich sie liebe. Töchter
erleben den Tod ihrer Mutter, dtv 1997
Einunddreißig Frauen haben darüber geschrieben,
wie sie den Tod ihrer Mutter erlebt haben. Entstanden ist ein Kaleidoskop der Gefühle, das die
gesamte Bandbreite der nicht immer einfachen
Mutter-Tochter-Beziehung widerspiegelt.

ANNETTE BASSFELD-SCHEPERS,
JORGOS CANACAKIS
Auf der Suche nach den Regenbogentränen. Heilsamer
Umgang mit Abschied und Trennung, Bertelsmann
1994
Trauer ist die heilsame Antwort eines lebendigen
Herzens auf Abschiede und Trennungen. Solchen
Lebenssituationen sind wir von Kindesbeinen an
immer wieder ausgesetzt. Die Trauerfeindlichkeit
unserer Kultur führt jedoch dazu, dass wir uns die-
sem lebenswichtigen Gefühl entfremden, es fürch-
ten und unterdrücken. Die daraus resultierende
Gefühlsverarmung hat erschreckende Konsequen-

zen für viele Lebensbereiche. Angeregt durch die jahrelange praktische Arbeit mit trauernden Menschen, haben Jorgos Canacakis und Annette Bassfeld-Schepers mit der Geschichte von den Regenbogentränen eine ungewöhnliche, poetische Form gefunden, die uns neue Wege für den liebevollen Umgang mit Trauer erfahren lässt. Sie erzählen ein Märchen, das Kindern wie Erwachsenen dabei hilft, sich den Trauergefühlen zu öffnen, sie auszudrücken und ihre lebensfördernde Kraft zu spüren.

MARIE-FRÉDÉRIQUE BACQUÉ
Mut zur Trauer. Die Akzeptanz eines notwendigen Lebensgefühls, Artemis und Winkler 1994
Psychologischer Trauerratgeber, der sehr detailliert die Grenze zwischen »normaler« und pathologischer Trauer nachzeichnet.

SABINE BODE, FRITZ ROTH
Der Trauer eine Heimat geben. Für einen lebendigen Umgang mit dem Tod, Gustav Lübbe Verlag [2]1999
In diesem Buch kommen Menschen zu Wort, die sich offen zu ihrer Trauer bekannt haben und sich nicht scheuten, der Umwelt ihre schmerzlichen Gefühle zuzumuten. Mit der Unterstützung eines Bestatters, der als ausgebildeter Trauerbegleiter

um den Wert der gelebten Gefühle weiß, haben sie sich auf ganz persönliche Weise sehr bewusst von ihren Toten verabschiedet. Sie haben sich gegen die überkommenen Rituale einer gefühls-armen Begräbniskultur entschieden, um ihren eigenen Bedürfnissen zu folgen, haben das letzte Zusammensein mit ihren Verstorbenen in eigener Regie gestaltet und gelebt.

JORGOS CANACAKIS
Ich begleite dich durch deine Trauer, Kreuz Verlag [16]2000
Der griechische Psychologe Jorgos Canacakis verdeutlicht die wichtigen Unterschiede von »lebens-hemmender« und »lebensfördender« Trauer. Er berücksichtigt alle Arten von Verlust und zeigt nicht nur Trauer-, sondern gleichzeitig Lebensalternativen auf.

JORGOS CANACAKIS
Ich sehe deine Tränen. Trauern, klagen, leben können, Kreuz Verlag [5]2000
Der Autor zeigt in diesem praktischen und leicht verständlichen Buch ermutigende Wege auf, mit Trauer angstfrei umzugehen, sie zum Ausdruck zu bringen und für einen kreativen neuen Lebensbeginn einzusetzen.

VERENA KAST
Trauern. Phasen und Chancen des psychischen Prozesses, Kreuz Verlag [2]2000
Da wir uns wesentlich aus den Beziehungen zu Mitmenschen verstehen, Bindungen ein wesentlicher Aspekt unseres Selbst und Weiterlebens sind, werden wir durch den Tod eines geliebten Menschen in unserem bisherigen Selbst- und Weltverständnis erschüttert. Die Trauer ist die Emotion, durch die wir Abschied nehmen, Probleme der zerbrochenen Beziehung aufarbeiten und so viel als möglich von der Beziehung und von den Eigenheiten des Partners integrieren können, sodass wir mit einem neuen Selbst- und Weltverständnis weiterzuleben vermögen.

Verena Kast, Jahrgang 1943, studierte Psychologie, Philosophie und Literatur und promovierte in Jung'scher Psychologie. Sie ist Professorin für Psychologie an der Universität Zürich, Dozentin und Lehranalytikerin am dortigen C.-G.-Jung-Institut und Psychotherapeutin mit eigener Praxis. Zahlreiche Buchveröffentlichungen.

ELISABETH LUKAS
In der Trauer lebt die Liebe weiter, Kösel [2]2000
Die Trauer ist das Wissen um Kostbares, das wir verloren haben. Dazu schreibt die Autorin: »Ja,

Trauernde sind Wissende, in vielerlei Hinsicht. Doch seltsam: Das nicht abzuschüttelnde Wissen um das Verlorene kann ihnen bei der Bewältigung ihres Leides helfen. Es öffnet ihnen gleichsam Tore der Erkenntnis. Sollten sie diese durchschreiten, wandeln sie sich – und mit ihnen wandeln sich ihre Gefühle. Sie wachsen aus der Trauer in eine neue, ›hellsichtigere‹ Form ihres Menschseins hinein.«

Die Psychotherapeutin begleitet ihre Leser beim Durchschreiten solcher Erkenntnistore. Der Schmerz trauernder Menschen wird dabei nicht verniedlicht, sondern überhöht. Es gelingt ihr, glaubhaft darzustellen, dass letztlich nicht die Abschiede zählen, die geleistet werden müssen. Was zählt, ist die Liebe, die in einem Leben erwacht ist und die über alle Abschiede hinaus weiterlebt – in den Herzen der Menschen und in den ewigen Gefilden der Wahrheit.

WOLFGANG MÜLLER-COMMICHAU,
ROLAND SCHAEFER
Wenn Männer trauern. Über den Umgang mit Abschied und Verlust, Matthias-Grünewald 2000
Das Buch beschäftigt sich mit der Art, wie Männer mit Abschied und Verlust umgehen. Die Autoren beschreiben typische Verlustsituationen im Leben

von Männern und setzen sich mit ihrer tendenzi-
ellen Unfähigkeit auseinander, die eigene Endlichkeit zu akzeptieren.

ENNA PERTIM (Hg.)
*Abschied heißt nicht Ende. Frauen erzählen über den
Tod ihres Partners und ihr Leben nach dem Verlust,*
Herder Verlag ²1995
Ein Buch über den Mut und die Kreativität, Stärke
und Kraft, die sich aufbringen lassen, wenn es darum geht, ungewollt ein Leben allein führen zu
müssen. Der Tod des Partners, des Ehemanns ist
nicht nur ein existenzieller Schock. Er bedeutet für
die Witwe immer auch ein lang andauerndes, kräf-
tezehrendes Abschiednehmen. Zur eigenen Trauer und Verzweiflung kommt die Sorge um die
Kinder, Finanzen müssen geregelt werden, Woh-
nungsfragen stehen an, vielleicht auch die Suche
nach einem Arbeitsplatz. Tief betroffen vom Tod
ihres Mannes, erzählt die Herausgeberin und Autorin vom Sterben ihres Partners, vom plötzlichen
Alleinsein und ihrer Traurigkeit, aber auch von
ihren Versuchen, wieder Halt zu finden. Teil ihrer
Trauerarbeit waren ihre hier festgehaltenen, sehr
offenen und ehrlichen Gespräche mit Frauen, die
wie sie selbst ihren Partner verloren haben. Wir
werden Zeugen tiefster existenzieller Erschütte-

rung, gleichzeitig zeigen diese Frauen aber auch, wie es ihnen gelungen ist, in ihrer neuen Lebenssituation zu überleben.

HERBERT SCHEURING
Wege der Trauer, Mainpresse Zeitungsverlagsgesellschaft 2001
Aus der lebendigen Erfahrung des Verlustes der Partnerin heraus geschrieben, als Serie in einer Tageszeitung veröffentlicht, ist dieses Buch ein hilfreicher Begleiter, der zahlreiche Aspekte des Trauerns beleuchtet.

Sterbebegleitung

LIS BICKEL, DANIELA TAUSCH-FLAMMER
Spiritualität der Sterbebegleitung. Wege und Erfahrungen, Herder Verlag 1999
Wer einen Sterbenden offen und achtsam begleitet, wird von etwas berührt, was außerhalb der Alltagserfahrung liegt. In diesem Band spiegeln sich die vielfältigen spirituellen Erfahrungen von langen Jahren in der Hospizarbeit. Gemeinsam ist ihnen dies: Angesichts des Todes eröffnet sich ein Raum, in dem eine hintergründige Wirklichkeit und ein tieferer Daseinssinn aufscheinen.

ELISABETH KÜBLER-ROSS
Über den Tod und das Leben danach, Silberschnur
1996
Die bekannte Schweizer Ärztin Elisabeth Kübler-Ross saß an unzähligen Sterbebetten und hat viele Menschen auf ihrem letzten Weg begleitet. Dabei kam sie zu der Überzeugung, dass der Tod nicht das Letzte ist, was uns erwartet, sondern nur einen Übergang in einen neuen Bewusstseinszustand darstellt. Ein Körper, der wieder frei ist von allen Beschwerden, Verwandte, von denen der Sterbende abgeholt wird, bedingungslose Liebe – viele Erzählungen Sterbender decken sich und können nicht als bloße Halluzinationen abgetan werden.

ELISABETH KÜBLER-ROSS
Interviews mit Sterbenden, Droemer Knaur [22]1999
In diesem Buch berichtet Elisabeth Kübler-Ross über eine neue und wichtige Möglichkeit, den Patienten als menschliches Wesen im Blickfeld zu behalten, ihn ins Gespräch zu ziehen und von ihm zu erfahren, wo die Vorzüge oder Schwächen unseres klinischen Systems liegen. Sie hat Patienten gebeten, ihre Lehrer zu werden, damit sie mehr als bisher über die Endstation des Lebens erfährt, über ihre Ängste, Sorgen und Hoffnungen.

ELISABETH KÜBLER-ROSS
Verstehen, was Sterbende sagen wollen. Einführung in ihre symbolische Sprache, Droemer Knaur 2000

Schwer kranke und sterbende Menschen benutzen eine ganz besondere Sprache, um ihre innersten Wünsche und Sorgen auszudrücken. Es ist eine symbolische Sprache, die sich in Worten, Gesten oder auch in spontanen Zeichnungen äußert. Elisabeth Kübler-Ross lehrt uns, diese Sprache zu verstehen. Das Buch ist als ein Appell zu verstehen, als eine Zusicherung an den Leser, dass das Sterben nicht so schrecklich sein muss, wie es uns erscheint. Solche Gewissheit lässt sich nur an Beispielen vermitteln, denn jeder Tod ist anders. Und womöglich ist diese Sterbehilfe mehr eine Hilfe für die Lebenden, die überlebenden Angehörigen, als für die Sterbenden selbst.

MONIKA SPECHT-TOMANN, DORIS TROPPER
Zeit des Abschieds. Sterbe- und Trauerbegleitung, Patmos [2]1999

Ein Leitfaden zur Begleitung kranker, sterbender und trauernder Menschen. Das vorliegende Buch spannt einen breiten Bogen von der Sterbebegleitung über die Auseinandersetzung mit zentralen Lebensthemen Schwerstkranker, über die schwierige Kommunikation am Sterbebett bis hin zur

Trauerbegleitung. Der Ratgeber richtet sich an professionelle Helfer in Krankenhäusern, Hospizstationen, Altenpflegeeinrichtungen, Sozialstationen und ambulanten Diensten, aber auch an Seelsorger und nicht zuletzt an pflegende Angehörige.

Kinder und Tod

WILLIAM C. KROEN
Da sein, wenn Kinder trauern. Hilfen und Ratschläge für Eltern und Erziehende, Herder Verlag 1998
Kinder trauern anders als Erwachsene und haben ein anderes Verständnis vom Tod. Schon der Verlust eines geliebten Tieres kann ihre Welt erschüttern. Was und wie viel sollte man einem Kind erzählen? Diese und zahlreiche andere Fragen werden hier beantwortet, ergänzt durch Erfahrungsberichte von trauernden Kindern. Ein wertvoller Ratgeber für alle Erwachsenen, die ein Kind verstehen und unterstützen wollen.

ELISABETH KÜBLER-ROSS
Kinder und Tod, Droemer Knaur 2000
Der Tod des eigenen Kindes gehört zu den schrecklichsten Ereignissen im Leben eines Menschen. Es ist allerdings kaum etwas darüber be-

kannt, wie Kinder mit dem Tod umgehen. Anhand von Erlebnissen, Gesprächen und Briefen schreibt die weltberühmte Ärztin und Sterbeforscherin Elisabeth Kübler-Ross auf einfühlsame Weise, was Tod für Kinder bedeutet, welche Stadien todkranke Kinder durchlaufen, wie Kinder mit dem Tod von Bruder oder Schwester umgehen. Ein informatives Buch, das wertvolle Einblicke gewährt, Ratschläge gibt und nicht zuletzt Trost spendet.

DANIELA TAUSCH-FLAMMER, LIS BICKEL
Wenn Kinder nach dem Sterben fragen. Ein Begleitbuch für Kinder, Eltern und Erzieher, Herder Verlag 2000
Der Verlust eines nahen oder geliebten Menschen ist für Kinder schockierend und unbegreiflich. Eine Erfahrung, deren Bedrohlichkeit noch dadurch gesteigert wird, dass es Erwachsenen oft schwer fällt, sich auf dieses Thema kindgerecht einzulassen. Zwei erfahrene Autorinnen plädieren einfühlsam dafür, Tod und Sterben als natürlichen Teil des Lebens anzunehmen, und erläutern, wie wir Kinder in ihrem Schmerz und ihrer Trauer behutsam begleiten können.

Kindstod

MANFRED BEUTEL

Der frühe Verlust eines Kindes. Bewältigung und Hilfe bei Fehl-, Totgeburt und Fehlbildung, Hogrefe 1996
Der Verlust eines Kindes in der Schwangerschaft durch Fehlgeburt, Totgeburt und Schwangerschaftsabbruch wegen kindlicher Fehlbildung wird häufig verschwiegen und in seiner Tragweite verkannt. Außenstehende, aber auch Ärzte, Hebammen und Pflegepersonal fühlen sich dem Schmerz der Betroffenen gegenüber oft ratlos und hilflos. Dieses Buch soll zum Verständnis dieser tragischen Verluste beitragen und umfassend informieren. Neue Erkenntnisse zu bislang vernachlässigten Problemen (wie Fehlgeburt in der Frühschwangerschaft, Bewältigung durch den Partner) werden anhand eigener Studien aufgezeigt. Das Buch soll Betroffenen Bewältigungsmöglichkeiten aufzeigen. Helfern werden konkrete Hilfestellungen an die Hand gegeben. Das Buch eröffnet weiterführende Verständnis- und Forschungsperspektiven für die Verarbeitung eines Verlustes.

PETER FÄSSLER-WEIBEL (Hg.)

Wenn Kinder sterben, Paulus Verlag [2]1996
Ratgeber mit vielen Beiträgen von beruflich mit

dem Tod und dem Sterben von Kindern Befass-
ten.

ANGELA KÖRNER-ARMBRUSTER
Totgeburt weiblich. Ein Abschied ohne Begrüßung,
Goldmann 1996
Die Autorin durchbricht mit ihrem Erfahrungsbe-
richt die Sprachlosigkeit und das lähmende Entset-
zen, die mit dem Trauma Totgeburt verbunden
sind. Sie schildert in aller Offenheit den langen
und schmerzhaften Prozess des Trauerns und vermittelt damit auch anderen Betroffenen Trost und
Hoffnung.

HANNAH LOTHROP
Gute Hoffnung – jähes Ende. Fehlgeburt, Totgeburt
und Verluste in der frühen Lebenszeit. Begleitung und
neue Hoffnung für Eltern, Kösel [2]1999
Wenn eine Schwangerschaft glücklos endet und
Eltern ihr Baby durch Fehlgeburt, Totgeburt oder
Neugeborenentod verlieren, fühlen sie sich isoliert
und allein gelassen. Dieses Buch will Eltern durch
ihre schmerzliche Erfahrung hindurch begleiten.
Anhand vieler persönlicher Aussagen Betroffener
wird ihnen vermittelt, dass ihre Gefühle und ihre
Trauerreaktionen normal sind.

CHRISTEL ZACHERT, ISABELL ZACHERT
Wir treffen uns wieder in meinem Paradies, Gustav
Lübbe Verlag 1993
Fünfzehn Jahre alt ist Isabell, als sie an Krebs er-
krankt. Ihre Familie, Eltern und Brüder, setzt alles
daran, ihr das schwere Los zu erleichtern. Beherr-
schend wird für alle die Frage: Wird Isabell wieder
gesund?

Isabell kämpft für ihre Genesung, macht sich
und anderen Mut, aber sie nimmt ihr Schicksal an,
als sich die Krankenhausaufenthalte häufen, ihr
Zustand sich verschlechtert. Am Ende ihres Lei-
densweges kann sie sagen: »Gib dich selbst nie
auf, auch wenn deine Situation aussichtslos erscheint. Die Qualität des Lebens hängt nicht von
dessen Länge ab, sondern davon, was jeder
Mensch aus seinem Leben macht.«

Umgang mit dem Tod und den Toten

HELMUT HARK
*Den Tod annehmen. Unser Umgang mit dem Sterben
als Chance der Reifung*, Kösel 1995
Wenn wir lernen, den Tod anzunehmen, dann
gelingt uns ein intensiveres Leben. Der Autor
will uns auf diesem Weg begleiten, indem er uns

mit Bildern, Meditationen, Übungsvorschlägen, Traum- und Symboldeutungen zur Seite steht.

DANIELA TAUSCH-FLAMMER, LIS BICKEL
Wenn ein Mensch gestorben ist. Würdiger Umgang mit dem Toten, Herder Verlag 2002
Wenn ein Mensch gestorben ist, bleibt nur noch sein Leichnam, dem wir ein letztes Mal Fürsorge, Zuneigung und Liebe erweisen können. Doch wie gehen wir mit dem Toten um? Das Buch zeigt viele alte und neue Formen des Umgangs mit Gestorbenen auf. Denn Angehörige haben vielfältige Möglichkeiten, die letzten Tage mit dem Toten liebevoll und würdig zu gestalten.

CARMEN THOMAS
Berührungsängste? Vom Umgang mit der Leiche, vgs 1994
Die Autorin sprach mit Menschen über ihre Berührungsängste und mit solchen, die sie überwanden und sich um Verstorbene gekümmert haben. Sie zeigt: Ein würdiger Umgang mit den Toten beeindruckt die Lebenden zutiefst, kann sie trösten und vielleicht auch den Sterbenden den Übergang vom Leben zum Tod erleichtern.

Trauer ist die heilsame Antwort
eines lebendigen Herzens auf den Tod

SABINE BODE
FRITZ ROTH

Der Trauer
eine Heimat geben

Für einen lebendigen Umgang
mit dem Tod

»Ein sehr empfehlenswertes, anrührendes,
anregendes und offenes Buch für solche,
die lernen möchten,
eigener und fremder Trauer
Heimat zu gewähren.«
Lutherische Theologie Kirche, Oberursel

240 Seiten, Klappenbroschur
ISBN 3-7857-0919-6

Gustav Lübbe Verlag